Seißelberg/Anke Sicher statt wehrlos!

Klaus Seißelberg
Mario Anke

Sicher statt wehrlos!

Gefahren erkennen, vorbeugen und überwinden.
Strategien für ältere Menschen

TRIAS THIEME HIPPOKRATES ENKE

Anschriften der Autoren:

Klaus Seißelberg
Deichweg 2
21354 Alt Garge

Mario Anke
Arentsschildtstraße 3
37154 Northeim

Konzeption der Typographie:
B. und H. P. Willberg, Eppstein/Ts.

Umschlaggestaltung:
Cyclus · D+P Loenicker, Stuttgart

Textzeichnungen:
Liane Hartmann, Nagold

Illustrationen S. 8 und S. 44:
Thomas Sindram

Fotografien:
Joachim Komander

Lektorat:
Uta Spieldiener

*Die Deutsche Bibliothek –
CIP-Einheitsaufnahme*

Seisselberg, Klaus:
Sicher statt wehrlos : Gefahren erkennen, vorbeugen und überwinden ; Strategien für ältere Menschen / Klaus Seisselberg ; Mario Anke. – Stuttgart : TRIAS – Thieme Hippokrates Enke, 1995

NE: Anke, Mario:

Gedruckt auf chlorfrei
gebleichtem Papier

Satz: Druckhaus Götz GmbH,
71636 Ludwigsburg
(CCS Textline, Linotronic 630)
Druck: Gutmann, Talheim

ISBN 3-89373-320-5 1 2 3 4 5 6

Sei wie das Wasser,
zu allem passend sich anpassen,
stets zurückweichen,
doch niemals weichen
(Asiatische Weisheit)

Zu diesem Buch

»In meinem Alter bin ich einem Angreifer sowieso nicht gewachsen.« Und: *»Für eine Abwehr bin ich zu schwach und zu unbeweglich.«*

So oder ähnlich äußern sich viele ältere Menschen. Sie glauben, daß sie wegen ihres höheren Alters oder wegen ihrer körperlichen Verfassung nicht in der Lage sind, sich erfolgreich zu verteidigen. Doch Straftäter machen auch vor älteren Menschen nicht halt, im Gegenteil: Das Delikt »Handtaschendiebstahl« beispielsweise betrifft zu fast 60% Frauen, die älter als 60 Jahre sind.

Die Erfahrung, Opfer einer Straftat geworden zu sein, ist für alle Menschen unabhängig vom Alter sehr schmerzlich. Ältere Menschen werden jedoch von Straftaten besonders stark erschüttert. Dabei spielt weniger der materielle Schaden eine Rolle als der Verlust ideeller Werte und Erinnerungsstücke, die sie ein Leben lang besessen haben. Die Tatsache, daß der Straftäter schamlos die eigene (vermeintliche) Schwäche ausgenutzt hat, führt zu einer langandauernden Störung des Sicherheitsgefühls, die nicht selten die soziale Isolation vorantreibt. Ehemalige Teilnehmer aus unseren Selbstbehauptungskursen, die dieser Altersgruppe angehören, berichteten, daß sie durch ihr entschiedenes Auftreten und ihr konsequentes Abwehrverhalten gefährliche Situationen gut überstanden haben. Zwar konnte nicht immer aller Schaden abgewendet werden, aber was ist schon ein angestauchter Finger im Vergleich zu einem Raubüberfall am Geldautomat oder ein zerrissener Rock im Verhältnis zu einer Vergewaltigung?

Sie sollen nicht den Eindruck bekommen, daß wir Ihnen mit beklemmenden Vorfällen, Berichten und erschreckenden Statistiken Angst machen wollen, denn genau das Gegenteil ist der Fall: Anhand typischer Tatortsituationen geben wir Ihnen einfache Tips und Hinweise und stellen Ihnen Gegenmaßnahmen vor, mit denen Sie Ihr persönliches Sicherheitskonzept erarbeiten können. So können Sie Ihre objektive Sicherheitslage und Ihr subjektives Sicherheitsgefühl verbessern.

Entnehmen Sie aus diesem Buch einige für Sie umsetzbare Abwehrmöglichkeiten. Zwei oder drei Griffe, die Sie beherrschen, sind besser als viele halbherzig ausgeführte Techniken.

Da natürlich nicht Senior gleich Senior ist, werden sich gewiß nicht alle Leserinnen und Leser in jeder der dargestellten Situationen wiederfinden. Aber für jeden ist etwas Passendes dabei!

Das Buch gliedert sich in 3 Teile: Im ersten Teil wird mit allgemeinen Sicherheitsstrategien ein Einstieg in das Thema gegeben, im zweiten Teil werden 10 Tatortsituationen analysiert und einfache Verteidigungstechniken sowie Maßnahmen der Vorbeugung dargestellt, und der dritte Teil beschäftigt sich mit der psychischen Bewältigung einer erlittenen Straftat und den rechtlichen Möglichkeiten des Opfers.

Gerne nehmen wir Anregungen und Kritiken von unseren Lesern zu diesem Ratgeber entgegen.

Allgemeine Sicherheitsstrategien

Einführung

Durch viele Berichte in den Medien, aber auch durch ganz eigene Erfahrungen, wird der Eindruck vermittelt, daß das Alltagsleben – insbesondere in den Großstädten – zunehmend bedrohlicher und gewalttätiger wird. Als Folge stellen sich immer mehr Menschen ernsthaft die Frage: *»Wie kann ich mich besser gegen Straftaten schützen?«*

Nach der Publikation unseres Sicherheitsbuches für Frauen »Wehr Dich!« (TRIAS) wurden wir von vielen Leserinnen gebeten, doch einen speziellen Sicherheitsratgeber für ältere Menschen zu schreiben, die körperlich nicht mehr so fit sind, um sich mit akrobatisch anmutenden Techniken verteidigen zu können. Zudem wollten wir uns dank der vielen Anregungen und Nachfragen der Sicherheitsproblematik von behinderten Menschen stellen, was wir in dem Kapitel Tatort: Rollstuhl (s. S. 156) getan haben.

Resultierend aus unseren polizeilichen Erfahrungen und unserer langjährigen Tätigkeit als Trainer von Selbstbehauptungs- und Selbstverteidigungskursen haben wir ein lebendiges und systematisch aufgebautes Buch über die Sicherheitsbelange von älteren Menschen geschrieben.

Die »Vier-G-Methode«

In zahlreichen Gesprächen äußerten betroffene Frauen jeden Alters, daß sie bei Angriffen von Gewalttätern wie gelähmt waren, oftmals unfähig zu reagieren. Ihnen fiel in dieser Notlage keine Hilfsmöglichkeit ein. Gerade ältere Menschen können sich nicht alleine auf ihre körperlichen Kräfte verlassen, und dennoch ist es wichtig, daß Opfer in solchen kritischen Situationen ein zuverlässiges, angemessenes, effektives und flexibles Reagieren parat haben, um möglichst wohlbehalten aus der Gefahrensituation herauszukommen. Jedoch scheint das alleinige Erlernen von Verteidigungstechniken oder die rein technische Sicherung des Heimes in vielen Gefahrensituationen keinen ausreichenden

Schutz zu bieten. Mehr Erfolg verspricht ein Sicherheitskonzept, das auf die persönlichen Bedürfnisse und Fertigkeiten abgestimmt ist und bei dem der Leitgedanke *»Prävention ist der beste Schutz«* durch einfache, aber wirkungsvolle Abwehrtechniken ergänzt wird. So handelt es sich bei dem von uns entwickelten Sicherheitskonzept um ein systemisches, also ein umfassendes, ganzheitliches Abwehrtraining, das auf der »**Vier-G-Methode**« basiert. Die 10 Tatortsituationen (s. S. 61) werden anhand der vier Gs strukturiert und analysiert:

Gefahrenerkennung:

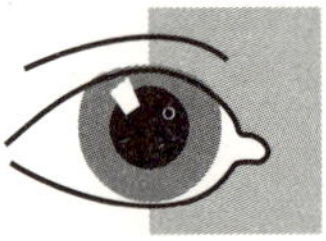

Schon bevor Sie sich in eine Situation begeben, sollen Sie sich über mögliche Gefahren bewußt sein. Dieses Gefahrenbewußtsein vermitteln wir Ihnen durch wichtige Zahlen sowie Täter- und Opfertypologien zu den entsprechenden Straftaten. Wann droht mir Gefahr?

Gefahrenvermeidung:

Wege der Gefahrenvorbeugung durch eigenes Verhalten und durch technische Sicherungen. Wie schütze ich mich?

Gefahrenbegegnung:

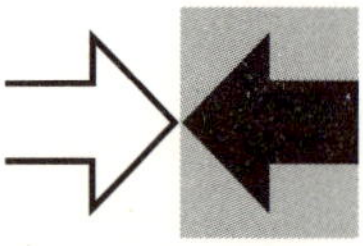

Konkrete Strategien und Hinweise zum eigenen Verhalten im Moment der Konfrontation. Wie verhalte ich mich?

Gefahrenüberwindung:

Situationsangepaßte, einfache aber wirkungsvolle Abwehrtechniken. Wie wehre ich mich?

Im Mittelpunkt der dargestellten Tatortsituationen steht die Verhinderung und Abwehr von Gefahren für Leib, Leben und Eigentum bei gleichzeitiger Vermeidung bzw. Reduzierung von Gewaltanwendung, Verhinderung unnötiger Gefahren sowie des Erhaltes der Lebensqualität.

Die Gs sind die Hauptelemente Ihres Sicherheitskonzeptes, die sich ebenso wie die Unterelemente wechselseitig beeinflussen. Wie bei dem auf der nächsten Seite abgebildeten Mobile folgt durch die Veränderung eines Elementes eine Bewegung aller anderen. Das gewünschte Gleichgewicht des Mobiles erfolgt nicht durch das Erstarren in Angst oder durch das einseitige Betonen einer Sicherheitsmaßnahme, sondern durch das ganzheitliche Handeln nach der »Vier-G-Methode«.

Arbeiten Sie das Buch systematisch durch, und suchen Sie sich die Tatortsituationen heraus, die für Sie persönlich am stärksten zutreffen. Führen Sie die notwendigen technischen Sicherungen durch, suchen Sie die Abwehrtechniken heraus, die Sie gut durchführen können, und üben Sie diese konsequent. Richtig Spaß machen kann es, wenn Sie sich mit Freunden oder Bekannten zusammensetzen und gemeinsam Ihr Sicherheitskonzept erarbeiten.

Keine der vorgestellten Verteidigungsmethoden ist abhängig von Körpergröße oder -gewicht, von Stärke und Alter. Jedoch wurden die in diesem Buch beschriebenen Techniken gerade von älteren Menschen in unseren Selbstbehauptungskursen favorisiert.

Merke: Wenige, aber stetig geübte Selbstverteidigungstechniken nützen Ihnen mehr als viele, die Sie nicht beherrschen!

Um diese Fertigkeit zu lernen, sollten Sie – wie im Text vorgegeben – schrittweise üben (learning by doing). Das Erlernen der Techniken ist keine Erziehung zur Gewalt, sondern zur Gewaltvermeidung. Denn zu wissen, wie Sie sich in einem möglichen Ernstfall wehren könnten, gibt Ihnen bereits ein größeres Sicherheitsgefühl.

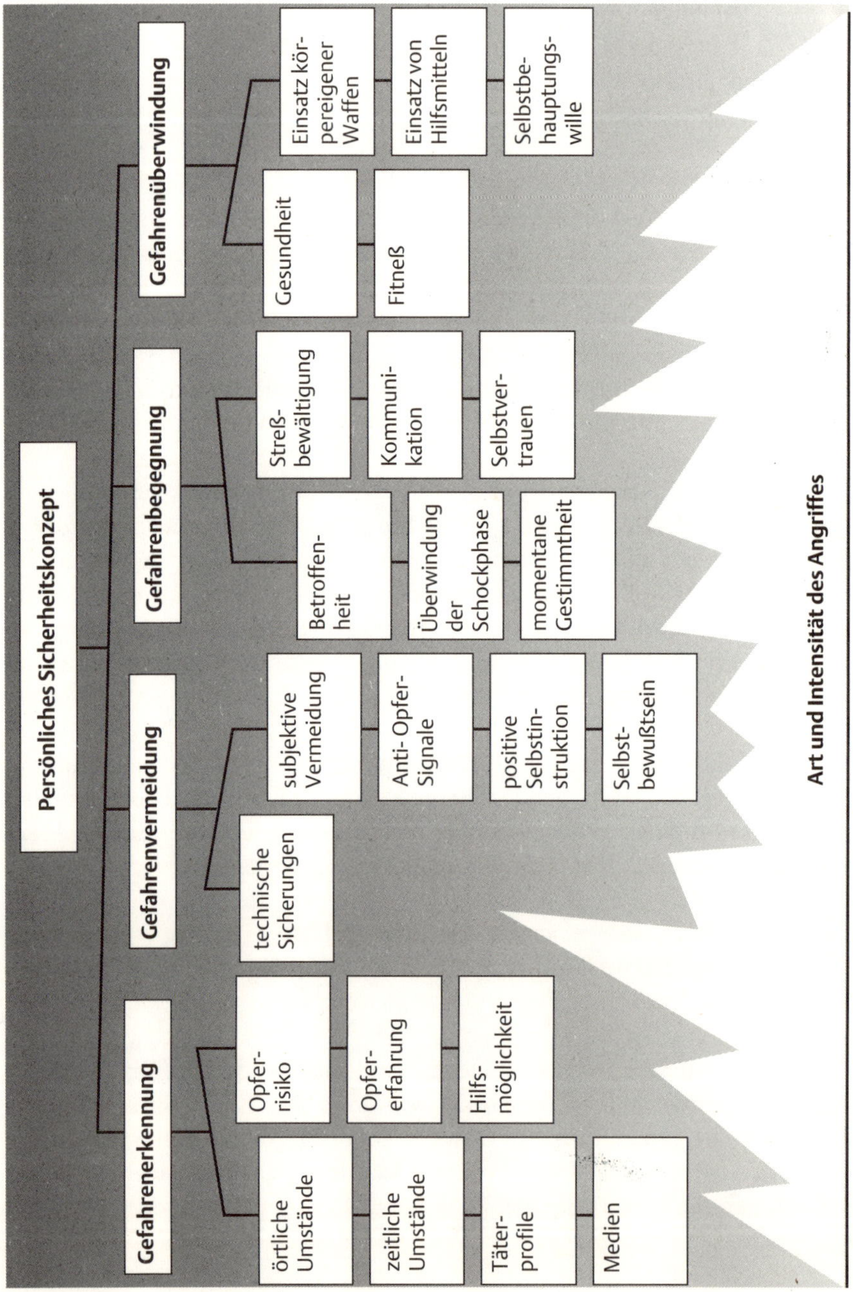
Persönliches Sicherheitskonzept
Gefahrenerkennung
örtliche Umstände
zeitliche Umstände
Täterprofile
Medien
Opferrisiko
Opfererfahrung
Hilfsmöglichkeit
Gefahrenvermeidung
technische Sicherungen
subjektive Vermeidung
Anti- Opfer-Signale
positive Selbstinstruktion
Selbstbewußtsein
Gefahrenbegegnung
Betroffenheit
Überwindung der Schockphase
momentane Gestimmtheit
Streßbewältigung
Kommunikation
Selbstvertrauen
Gefahrenüberwindung
Gesundheit
Fitneß
Einsatz körpereigener Waffen
Einsatz von Hilfsmitteln
Selbstbehauptungswille
Art und Intensität des Angriffes

Leben ältere Menschen unsicherer als jüngere?

Zunächst möchten wir mit einigen Vorurteilen über ältere Menschen aufräumen:

Vorurteil	Realität
Es werden nur junge, hübsche Frauen vergewaltigt.	Weder das Alter noch das Aussehen oder erotische Reize sind ausschlaggebend.
Vergewaltigung ist ein impulsives Verbrechen.	Die meisten Vergewaltigungen sind sorgfältig geplant.
Ältere Frauen können sich nicht gegen eine Vergewaltigung wehren.	Mental vorbereitete, mit Selbstverteidigungstechniken vertraute Frauen können auch hartnäckige Angriffe abwehren. Sie haben das oft genug bewiesen.
Frauen ab 50 sind häufiger Opfer von Straftaten als andere.	Die Kriminalstatistiken beweisen, daß Frauen ab 50 nicht stärker durch Gewalt und Kriminalität gefährdet sind als andere Menschen (Ausnahme: Handtaschenraub), doch die Furcht, Opfer einer Straftat zu werden, wächst mit dem Alter.
»Bei mir wird nicht eingebrochen, bei meiner kleinen Rente ist bei mir sowieso nichts zu holen.«	Die meisten Einbrecher wissen vorher nicht, ob es sich lohnt oder nicht.
Wenn ein Einbrecher in meine Wohnung einsteigen will, dann wird er auch alle technischen Sicherungen überwinden.	Nur ein Bruchteil der Einbrecher sind echte Profis, die das entsprechende Werkzeug mitführen. Jede technische Sicherung ist ein abschreckendes Hindernis, da es das Entdeckungsrisiko erhöht.

Protokoll einer alleinlebenden Witwe

Das nachstehende Protokoll einer alleinlebenden Witwe (Jahrgang 1925) aus einer norddeutschen Kleinstadt zeigt stellvertretend für viele Frauen deren Nöte und Ängste.

»Ich habe zusammen mit meinem Mann vier Kinder großgezogen und fühlte mich sicher und wohl. Probleme beim alleine Einkaufen hatte ich nie. Auch in unserem Wochenendhaus mitten im Wald an einem See fühlte ich mich all die Jahre geborgen. Wenn mein Mann beruflich weg mußte, so hatte ich trotzdem das Gefühl, wenn du ihn brauchst, ist er da. Daher ging ich auch unbesorgt abends mit dem Hund alleine in unserer Stadt Gassi. Dunkle Ecken und grölende Menschen haben mich nie irritiert. Ich trug Verantwortung und war in meiner Familie eingebunden.

Das wurde nach dem plötzlichen Tod meines Mannes anders. Die Kinder waren eh schon aus dem Haus und hatten eigene Familien gegründet. Nun fehlte meine ›sichere Hälfte‹.

Beim Einkaufsbummel traten die ersten Ängste auf. Vorher hatte ich um die in den Einkaufsstraßen herumhängenden und trinkenden Stadtstreicher nie einen Bogen gemacht. Nun versuchte ich, diesen Grüppchen aus dem Weg zu gehen. Ich fühlte mich zunehmend beengt und schwach. Zum Ausgehen in das nahegelegene Kino hatte ich keinen Mut mehr. An Veranstaltungen nahm ich immer weniger teil. Dabei bin ich doch früher so aktiv gewesen.

Unser geliebtes Wochenendhaus mied ich immer mehr und fühlte mich zusehends in der eigenen Wohnung unsicher. Dabei hatte es weder bei mir noch in meiner Umgebung kriminelle Vorfälle gegeben. Vom Verstand war meine wachsende Unsicherheit nicht zu erklären. Wenn eine Situation mal kritisch wurde, geriet ich schnell in Panik. Ich wurde laut, gestikulierte viel und verlor schnell die Beherrschung. Es fehlt halt mein geliebter Partner, der mir immer Halt und Zuversicht gegeben hatte. Dieses Sicherheitsgefühl können mir auch meine Kinder nicht geben, obwohl wir uns gut verstehen und uns oft sehen.

In der Zeitung las ich von einem Selbstbewußtseinskurs für Frauen von 17 bis 70. Da im nächsten Monat mein 70. Geburtstag bevorstand, dachte ich mir, da mußt du jetzt hingehen, sonst ist es zu spät. Ich hatte natürlich starke Zweifel, ob ich trotz meines Alters überhaupt mithalten kann mit den anderen Frauen.

Meine Hoffnungen wurden jedoch bei weitem übertroffen. Ich erfuhr, daß es auch für mich viele Möglichkeiten gibt, sich gegen Angreifer zu behaupten. Wir lernten, uns in unterschiedlichen Gefahrensituationen durchzusetzen, und nach und nach gewann ich mein verlorengegangenes Selbstbewußtsein zurück. Ich fühle mich wieder ›stark‹ und nicht so leicht verwundbar.

Einige Wochen später erlebte ich auf dem Hauptbahnhof in Hannover folgende Situation: Ich stärkte mich vor meinem Reiseantritt noch in einem Stehkaffee in der Bahnhofshalle, als ein laut schimpfender, offensichtlich betrunkener Mann hereinwankte und anfing, heftig auf eine ältere Dame einzureden und sie zu bedrängen. Die Hilflosigkeit der Frau schien ihm sichtlich Spaß zu bereiten. Ich beschloß einzugreifen. Ich ging auf den Mann zu, kniff meine Augen zusammen, um meine Aufregung zu verbergen und fauchte ihn förmlich an, daß er uns in Ruhe lassen solle. Dabei fiel mir erst danach auf, daß ich meine Arme angewinkelt und die Fäuste geballt hatte. Ich muß wohl sehr entschlossen ausgesehen haben, denn der Grobian verschwand augenblicklich.

Erst später wurde mir klar, wie ruhig und entschlossen ich gehandelt hatte, ohne meine sonstige Panik und Hysterie. Es war für mich eine sehr wertvolle Erfahrung, eine solch schwierige Situation gemeistert und mich nicht, wie so oft, zurückgezogen zu haben. Seit diesem Erlebnis sehe ich den täglichen Problemen viel selbstsicherer und gelassener entgegen.

Ich fühle mich nun zwar nicht als Heldin und vermeide auch weiterhin unnötige Gefahren, aber trotz meiner nachlassenden körperlichen Kräfte und Beweglichkeit kann ich nun unangenehmen oder gefährlichen Situationen begegnen und habe dadurch wieder mehr Lebensqualität zurückgewonnen.«

Der juristische Aspekt der Selbstverteidigung

Gemäß Artikel 2 II des Grundgesetzes hat jeder in der Bundesrepublik Deutschland lebende Mensch das Recht auf Leben und körperliche Unversehrtheit, zudem ist laut Artikel 13 des Grundgesetzes die Wohnung unverletzlich. Da die Polizei nicht immer sofort zur Stelle sein kann, hat jeder das Recht zur Selbsthilfe. Denn niemand braucht sich verletzen zu lassen. Sie können sich demnach, natürlich im Rahmen der geltenden Gesetze, gegen unerwünschte Besucher oder »Busengrapscher« sofort eigenmächtig mit Gewalt zur Wehr setzen. Ein resolutes *»Nein«*, eine zugeschlagene Haustür oder ein energischer Fußtritt haben schon manch schlimmere Tat verhindert.

Wenn Sie in einer gefährlichen Situation aus Angst vor den möglichen juristischen Konsequenzen nicht sofort handeln, verlieren Sie wertvolle Zeit für eine erfolgreiche Abwehr. Um Ihnen die Befürchtung zu nehmen, daß Sie bei einem Gerichtsverfahren von der Klägerin zur Angeklagten werden könnten, möchten wir Ihnen kurz den »**Notwehrparagraphen**« erklären.

Wer gegen ein Strafgesetz verstößt, beispielsweise einen Menschen mit einem Schlag ins Gesicht verletzt, handelt in der Regel rechtswidrig. Ausnahme: Der Schläger hat einen triftigen Grund, der sein Verhalten rechtfertigt, beispielsweise die Vorbeugung oder Vereitelung einer Straftat, also Notwehr. Wer eine Tat begeht, die durch Notwehr geboten ist, handelt nicht rechtswidrig.

Merke: Wer sich gegen einen Angriff zur Wehr setzt, handelt nicht rechtswidrig, da der Angriff ein Rechtfertigungsgrund für die Verteidigung ist.

Wenn Ihre rechtlich geschützten Interessen, also Ihr Leben, Ihre Gesundheit, Ihre Freiheit, Ihre Ehre oder Ihr Eigentum von einem Menschen verletzt oder bedroht werden, liegt eine Notwehrlage vor. Solch ein Angriff kann gegenwärtig sein, d. h. er steht unmittelbar bevor, beispielsweise wenn Sie von einem Mann in der Tiefgarage verfolgt werden. Der Angriff kann aber auch noch andauern, wenn z. B. ein »Busengrapscher« zufaßt und nun versucht, die Frau zu küssen. Oder er kann bereits durchgeführt, aber noch nicht vollständig beendet sein, wenn z. B. nach einer Attacke eine Frau dem Mann mit einem Ellenbogenstoß gegen den Solarplexus zu Boden schlägt, der Angreifer jedoch wieder aufsteht und nun mit einem gezielten Fußtritt am erneuten Angriff gehindert wird.

Eine Notwehrhandlung kann ein kräftiger Fausthieb, ein Tritt, eine Blocktechnik, aber auch ein Schuß aus einer Gaspistole oder der Einsatz eines Elektroschockgerätes (s. S. 58) sein. Allerdings müssen sich Art und Maß der Verteidigung an Art und Maß des Angriffs orientieren. Also: Zwischen der Intensität des Angriffs und Ihrer Verteidigungstechnik darf kein Mißverhältnis bestehen.

Gleichmaß von Angriff und Verteidigung

Falls Ihnen mehrere geeignete Verteidigungsmittel zur Verfügung stehen, müssen Sie jenes wählen, das den Angreifer am wenigsten schädigt, z. B. statt einem Schuß aus einer Gaspistole eher eine Ohrfeige austeilen, wenn damit der Täter schon von Ihnen abläßt. Es sollte also immer nur die Verteidigungsart angewandt werden, die im konkreten Fall nötig ist, um den Angriff endgültig zu beenden, und dabei den geringsten Schaden anrichtet.

Beispiel:
Sie werden in einer abgelegenen Parkanlage von einem Mann hinterhältig angegriffen. Sie können den Angreifer mit einem gezielten und kräftigen Faustschlag zu Boden strecken. Hilfe von anderen Menschen oder der Polizei ist nicht in Sicht. Nach einigen Augenblicken kann sich der Mann wieder aufrappeln und droht, Sie abermals anzugreifen. Ehe er jedoch wieder fest auf dem Boden steht, versetzen Sie ihm einen äußerst schmerzhaften Fußtritt in den Unterleib, so daß er ohnmächtig zu Boden sinkt. In diesem Fall mußten Sie davon ausgehen, daß der Mann seinen Angriff fortsetzen bzw. sich an Ihnen rächen wollte.

In einer Notwehrlage sind Sie also grundsätzlich zur Auswahl der Abwehrmittel befugt, mit denen Sie eine sofortige und endgültige Gefahr beseitigen können. Sie müssen also nicht auf das mildeste Mittel ausweichen, wenn für Sie damit Risiken verbunden sind. An ein paar Beispielen wollen wir aber auch aufzeigen, wo die Verhältnismäßigkeit der Notwehr nicht der Art und dem Maß des Angriffes entsprechen. In den folgenden Fällen würde ein **Rechtsmißbrauch** vorliegen, da es sich hier um eine **Körperverletzung** handelt, die nicht mehr durch den Notwehrparagraphen abgedeckt ist.

Beispiele:

- Bei einem Bagatellangriff an der belebten Bushaltestelle, wenn Ihnen beispielsweise ein Mann seine Hand unbefugt auf die Schulter legt, und Sie darauf mit einem Knieschlag in die Genitalien antworten. Schon durch einen einfachen Ortswechsel hätten Sie die Belästigung abwehren können.
- Bei Angriffen von Kindern, Geisteskranken oder Volltrunkenen oder bei selbstverschuldeten Angriffen, wenn Sie z. B. einem Mann absichtlich ein Bier über die Hose gießen, dann

Angst vor seiner Reaktion bekommen und ihm deshalb noch mit dem Hacken auf den Fuß treten.

Geht das Opfer bei seiner Selbstverteidigung sehr stark über das erforderliche Maß hinaus, dann spricht man von »**Notwehrüberschreitung**«, die strafbar ist.

Beispiele:

- Ein Angreifer liegt nach einem gezielten Fußtritt angriffsunfähig am Boden, Sie aber treten ihn zusätzlich mehrfach in die Genitalien und gegen den Kopf, obwohl die Polizei gerade am Tatort eintrifft.
- Sie werden tagsüber von einem Mann in Ihrer Wohnung überfallen. Mit einem gezielten Fußtritt setzen Sie ihn außer Gefecht. In der Zwischenzeit haben Sie die Möglichkeit, zu Nachbarn oder auf die belebte Straße zu laufen. Zudem könnten Sie die nahegelegene Polizeidienststelle ohne Probleme anrufen. In solch einem Fall wäre es unverhältnismäßig, wenn Sie den Angreifer mit Fußtritten bearbeiten oder mit einem Elektroschockgerät ohnmächtig machen würden. Nicht strafbar jedoch wäre es dann, wenn Sie die Notwehrüberschreitung aus Verwirrung, Furcht oder Schrecken ausgeführt hätten.

Wenn Sie sich in akuter Lebensgefahr befinden und keinen anderen Ausweg sehen, dann könnte auch unter Umständen die lebensgefährliche oder gar tödliche Verletzung des Täters gerechtfertigt sein.

Merke: **Notwehr übt, wer sich selbst verteidigt, Nothilfe diejenigen, die eine andere Person verteidigen.**

Erforderlich ist eine Verteidigung, wenn sie geeignet ist und dabei gleichzeitig das mildeste Mittel (aber noch geeignet!) darstellt.

Zum Thema Zivilcourage

Zivilcourage scheint in der heutigen Zeit Mangelware zu sein. Eine Befragung des Allensbach-Instituts für Demoskopie erbrachte ein interessantes Ergebnis auf die folgende Frage:

»Was würden Sie ohne zu zögern tun?«

- 84% würden bei einem Ohnmächtigen auf der Straße Erste Hilfe leisten.
- 78% würden die Polizei verständigen, wenn sie Zeuge eines Verbrechens wären.
- 58% würden einer Frau helfen, die von einem Betrunkenen belästigt wird.
- 36% würden sofort die Polizei verständigen, wenn nachts Schreie aus einer Wohnung kommen.
- 9% würden etwas unternehmen, um eine drohende Schlägerei zu verhindern.

Die geringe Bereitschaft, anderen in Not geratenen Menschen zu helfen, ist wohl darauf zurückzuführen, daß die potentiellen Helfer Unannehmlichkeiten fürchten oder Angst haben, in eine gefährliche Situation hineingezogen zu werden. Dafür könnte man im Einzelfall sogar Verständnis haben, insbesondere dann, wenn es sich um mehrere oder bedeutend stärkere Täter handelt. In solchen Situationen ist es sinnvoller, weitere Menschen zur Hilfe hinzuzuziehen. Völlig unverständlich und verantwortungslos ist es jedoch, wenn ganze Personengruppen tatenlos zusehen, wie ein Mensch belästigt oder sogar Opfer einer Straftat wird.

Wissenschaftliche Untersuchungen ergaben, daß Hilfsbereitschaft in einem vierstufigen Gedankenablauf entsteht:

1. Stufe – Die Menschen nehmen wahr, daß dort etwas nicht in Ordnung ist.
2. Stufe – Die Menschen erkennen, daß jemand in Not ist.
3. Stufe – Die möglichen Helfer erkennen ihre eigene Verantwortlichkeit und bewerten diese.
4. Stufe – Die möglichen Helfer entscheiden sich für eine bestimmte Art und Weise der Hilfeleistung.

In der 4. Stufe erfolgt eine subjektive Entscheidung, ob geholfen wird oder nicht. Denn es wird abgewogen, welchen Nutzen die Hilfeleistung einbringt und welche Risiken damit verbunden sind. Bei dieser »Risiko-Nutzen-Bewertung« spielen viele Faktoren eine Rolle, z. B.:

- wird in vertrauter Umgebung eher geholfen als in fremder,
- ist die Hilfsbereitschaft auf dem Lande größer als in der Stadt,
- wird bei gutaussehenden Opfern eher geholfen,
- spielt die Identifikation mit dem Opfer eine Rolle *(»Das könnte meine Enkelin sein«),*
- die Beherrschung von Helfertechniken.

So können Sie erreichen, daß Ihnen eher geholfen wird:

- Verstecken Sie sich nicht hinter einer Mauer oder in einem Gebüsch, wenn Sie um Hilfe rufen, denn viele Menschen vermuten dahinter eine List. Zeigen Sie sich, auch wenn Ihnen das mit eventuell zerrissener oder verschmutzter Kleidung sehr unangenehm sein mag.
- Benötigen Sie auf offener Straße (Einkaufsstraße/Haltestelle) Hilfe, so sprechen Sie nicht allgemein zu den umstehenden Passanten *»Helft mir doch!!!«* sondern
  - gehen Sie auf eine Person zu, die Ihnen als Helfer am geeignetsten erscheint,
  - schauen Sie dieser Person in die Augen, damit sie nicht so tun kann, als sei sie nicht gemeint,
  - fassen Sie diese Person ruhig an und ziehen Sie sie heran,
  - sagen Sie dieser Person, welche Hilfe Sie benötigen.
- Begründen Sie Ihre Hilfeforderung mit *»...da mich eben jemand überfallen hat«.*

So können Sie in Notlagen anderen Menschen helfen, ohne sich selbst zu gefährden:

- Treten Sie selbstsicher auf, denn dies ist ein wirksames Mittel, um Täter einzuschüchtern. Eventuell ist es jedoch bei starken Aggressionen besser, gleich die Polizei über den Notruf 110 zu informieren.
- Mobilisieren Sie andere zum Helfen. In der Gruppe fühlt man sich nicht nur stärker und sicherer, Täter werden auch leichter zur Vernunft gebracht.

- Spielen Sie in Gedanken mögliche Notsituationen durch. Wer sich schon vorher mit Gefahren auseinandersetzt, der kann im entscheidenden Augenblick leichter reagieren.
- Sehen Sie Ihre Umwelt mit offenen Augen. Häufig können Zeugen einer Straf- oder Gewalttat hinterher nicht beschreiben, was sie gesehen haben. Nur wer bereit ist, Notsituationen zu erkennen, kann die erforderliche Zivilcourage aufbringen, um Menschen in Gefahr zu helfen.

So können Sie Opfern auch psychisch helfen

Sind Sie Zeuge einer Straftat geworden, bei dem das Opfer verletzt wurde oder unter Schock steht, dann können Sie mit folgenden Hinweisen demjenigen helfen. Dies gilt auch für Unfallopfer:

- Gehen Sie auf das Opfer ein und sprechen Sie in einem ruhigen Ton mit ihm, damit es merkt, daß es nicht allein ist. Es beruhigt, wenn Sie sagen: *»Ich bleibe hier, bis die Polizei und der Notarzt kommen«.*
- Schirmen Sie das Opfer vor Neugierigen und Schaulustigen ab. Für einen Verletzten sind aufdringliche Blicke von Zuschauern sehr unangenehm. Deshalb sollten Sie die Neugierigen höflich aber bestimmt bitten, sich zurückzuhalten und ihre »gutgemeinten Ratschläge« und Berichte von eigenen Erlebnissen zu unterlassen. Ein simpler Trick: Geben Sie dem Umherstehenden eine Aufgabe: *»Schauen Sie nach, ob Sie noch Sachen vom Opfer finden«, »Überwachen Sie, daß die Rettungswege frei bleiben«, »Zeigen Sie der Polizei / Notarzt den Weg hierher«.*
- Suchen Sie vorsichtig den Körperkontakt mit dem Verletzten. Da dies als angenehm und beruhigend empfunden wird, sollten Sie die Hand des Verletzten halten oder Ihren Arm um die Schulter legen. Auch tut es gut, wenn Sie möglichst auf gleicher Höhe wie der Verletzte sind. Gehen Sie also wenn nötig in die Knie.
- Sprechen Sie ruhig und hören Sie aufmerksam zu. Ein Gespräch kann für den Verletzten sehr angenehm sein. Fragen Sie beispielsweise *»Soll ich jemanden für Sie anrufen?«* Spricht das Opfer mit Ihnen, so seien Sie geduldig beim Zuhören. Geben Sie ihm das Gefühl, daß Sie ihm wirklich Gehör schenken.

Gefahrenerkennung – wann droht mir Gefahr?

Merke: Information ist die Grundlage für eine erfolgreiche Verteidigung. Darum möchten wir Ihnen hier einige Zahlen zur Kriminalität vorstellen.

Dem beängstigenden Anstieg der Kriminalität in der Bundesrepublik Deutschland ist im Jahr 1993 erstmals nach langer Zeit die Spitze genommen worden, wie die 1994 vom Bundeskriminalamt veröffentlichten Zahlen der Polizeilichen Kriminalstatistik belegen. Stieg 1992 in den alten Bundesländern die Zahl der registrierten Straftaten noch um 10%, so wurde 1993 nur noch ein Anstieg um 3% auf insgesamt ca. 6,75 Mio. Straftaten registriert. In den neuen Bundesländern sieht zumindest der Statistik nach der Kriminalitätszuwachs ganz anders aus. Die zum Teil hohen Steigerungsraten von über 30% erklären sich jedoch zum Großteil aus der durch den Neuaufbau der Polizei verursachten Unterregistrierung von Straftaten nach der Wende. Dennoch ist die Entwicklung mit teilweise zweistelligen Zuwachsraten bei der Gewaltkriminalität (z. B. durch Totschlag, Vergewaltigung und Raub) nach wie vor alarmierend. Die Aufklärungsquote ist leicht zurückgegangen und betrug ca. 44%, klafft jedoch bei den einzelnen Delikten weit auseinander. Die Häufigkeit der verschiedenen Straftaten zeigt die folgende Abbildung:

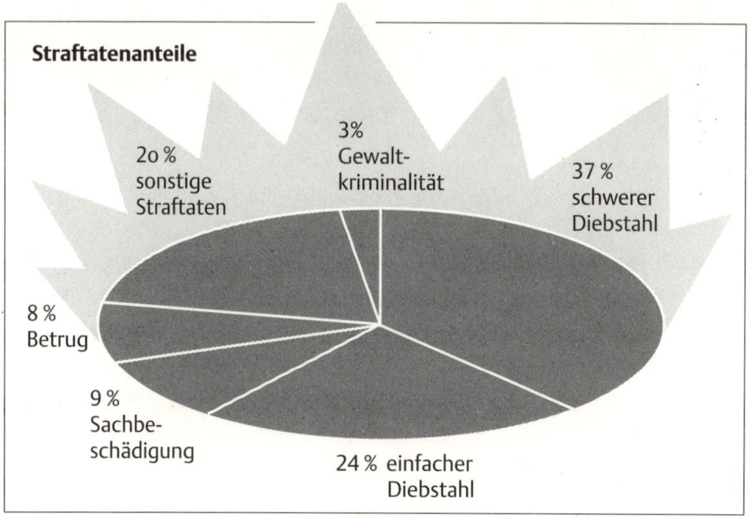

Opferstatistik – wie stark sind ältere Menschen von Kriminalität betroffen?

Opferstatistik für das Jahr 1993
– alte Bundesländer inklusive Gesamtberlin –

	Gesamt-opfer	Alter: 21–60	älter
1. Vergewaltigung			
– vollendet	3493	59,6%	1,0%
– versucht	2075	65,5%	2,8%
2. Raubüberfälle in Wohnungen			
– vollendet	2102	71,2%	20,1%
– versucht	483	65,6%	27,1%
3. Raubüberfälle auf Straßen			
– vollendet	17848	61,6%	6,8%
– versucht	3687	55,4%	9,3%
4. Handtaschenraub			
– vollendet	6112	40,8%	56,9%
– versucht	3687	44,9%	53,2%
5. Raub			
– vollendet	43262	66,2%	19,2%
– versucht	9284	63,1%	15,6%
6. gefährliche und schwere Körperverletzung auf Straßen, Wegen und Plätzen			
– vollendet	29103	61,8%	2,8%
– versucht	1642	68,2%	4,3%

Aus dieser Statistik ergibt sich folgendes:

- Bei nahezu allen untersuchten Delikten waren ältere Menschen weniger betroffen als jüngere. Absolute Ausnahme ist der Handtaschenraub: Hier sind ältere Menschen vorzugsweise die Opfer.
- Ein ausgewogenes Verhältnis der Opferzahlen bezüglich des Alters findet sich bei den Wohnungseinbrüchen, denn die Taten finden ähnlich häufig statt.

- Im Vergleich zu jüngeren Mitbürgern sind ältere Menschen seltener von Straftaten wie Körperverletzung, Sexualdelikten und Nötigung betroffen.
- Insgesamt sind ältere Mitmenschen nicht grundsätzlich häufiger von Gewalt und Kriminalität betroffen. Betrachtet man jedoch einzelne Gruppen, so sind z. B. Alleinstehende und ältere Menschen in großstädtischen Bereichen stärker gefährdet. Die Gewalthäufigkeit gegen Ältere steigt also mit der Größe der Stadt.
- Die persönlichen Lebensumstände und das soziale Umfeld haben einen nicht zu verkennenden Einfluß auf die Gefahr, Opfer einer Straftat zu werden. Beispielsweise ist ein Handtaschenraub im Seniorenheim nicht so wahrscheinlich wie auf öffentlichen Straßen, Wegen und Plätzen; die Betrugsdelikte auf dem Lande sind nicht so verbreitet wie in den Großstädten.

Wir können also festhalten, daß im Gegensatz zu vielen Berichten in Funk, Fernsehen und Zeitungen ältere Menschen nicht stärker von Kriminalität betroffen sind als jüngere Mitbürger. Dabei wollen wir aber keineswegs die Problematik verharmlosen.

Die Angst vor Kriminalität

Die alljährlich veröffentlichte Polizeiliche Kriminalstatistik gibt zwar Auskunft über die Häufigkeit und die Verteilung der Straftaten, sagt aber nichts darüber aus, welche Ängste vor Kriminalität die verschiedenen Bevölkerungsgruppen tatsächlich quälen. Gefühle der Unsicherheit und Angst vor allem bei älteren Frauen und Männern dürfen nicht einfach als unbegründet und irrational abgetan werden, auch wenn die Statistikzahlen eine unterdurchschnittliche Gefährdung dieser Personengruppe belegen.

Das Sicherheitsbedürfnis, ein menschliches Grundbedürfnis, wird nicht nur aus der Furcht vor greifbaren, konkreten Gefahren genährt, sondern auch aus einer insgesamt größer werdenden persönlichen Unsicherheit. Dies gilt verstärkt für ältere Menschen, die aufgrund ihrer nachlassenden körperlichen Kräfte ängstlicher und unsicherer werden und sich leichter verletzbar fühlen.

Das statistische Risiko, Opfer einer Gewalttat zu werden, ist keine ausreichende Erklärung für das Ausmaß der Kriminalitätsfurcht. So zeigt eine Untersuchung, daß jüngere, statushöhere Männer zwar häufiger Opfer einer Straftat werden, aber weniger Angst haben, währenddessen ältere, statusniedrigere Frauen seltener von Kriminalität betroffen sind, diese aber um so mehr fürchten.

Was sind das nun für Ängste?

Neue diffuse Ängste vor der organisierten Kriminalität verschmelzen mit der alten Furcht, Opfer von Massendelikten wie Straßenraub, Wohnungseinbruch oder Fahrraddiebstahl zu werden. Die Furcht der Bürgerinnen und Bürger besteht auch deshalb, weil ihrer Meinung nach die Polizei nie rechtzeitig am Tatort ist und der Erfolg der polizeilichen Ermittlungen und damit die reale Ahndung durch die Justiz sowieso gegen Null tendiert. Dadurch wird die Kraft der bestehenden Gesetze angezweifelt, was wiederum zu einem Gefühl der Schutzlosigkeit führt. Zudem haben viele Menschen den Eindruck, wohl auch unterstützt durch die Berichterstattung in den Medien, daß die Brutalität, die Niederträchtigkeit und die Hinterhältigkeit bei Straftaten immer größer wird. Auch die ungeplante, zufällige und sinnlose Gewalt scheint überall und öfter aufzutreten. Viele ältere Menschen reagieren hierauf mit größerer Vorsicht, was jedoch mitunter die Lebensqualität erheblich einschränkt. Etwa 55% der über 60jährigen bleiben in den alten Bundesländern bei Dunkelheit lieber zu Hause. In den neuen Bundesländern fürchten sogar 70% der Älteren bei Dunkelheit eine Gewalttat und verlassen nicht mehr die Wohnung.

Sicherheitsgefühl

Natürlich haben die Menschen persönliche Ängste und erleben Momente, in denen sie sich bedroht fühlen, und diese Bedrohungsgefühle beruhen nicht ausschließlich auf der Furcht vor Gewalt und Kriminalität. Es gibt einfach sehr viele und unterschiedliche Situationen, die das persönliche Sicherheitsgefühl negativ beeinflussen können. Das **Sicherheitsgefühl** hängt bei den Menschen gleichsam wie ein Mobile an einem sehr dünnen Faden. Wird auch nur ein Systemteil berührt, so geraten alle Teile in Bewegung, und es entfaltet sich ein freies, nicht vorhersehbares Formenspiel, das sich ständig verändert. Das Bild der Beweglichkeit eines Mobiles soll die Gemütsbewegungen Ihres Sicherheitsgefühls verdeutlichen. Im Normalfall ist das Mobile trotz Bewegung im Gleichgewicht. Wird die Bewegung jedoch zu heftig, verheddern sich die einzelnen Segmente, es kommt zum Zusammenbruch des Mobiles, also zu einer mehr oder weniger ausgeprägten Störung des Sicherheitsgefühls.

Zu einer Bewegung/Störung kommt es beispielsweise

- durch einen Wohnortwechsel von einer Kleinstadt in eine Großstadt,
- durch eine Verschlechterung des Gesundheitszustands (eine Sportlerin wird zur Invalidin),
- durch eine Opfererfahrung nach einem Einbruch,
- durch eine Veränderung der Lebenssituation, z. B. nach dem Tod des Partners.

Schauen Sie sich das Mobile auf der nächsten Seite gut an!

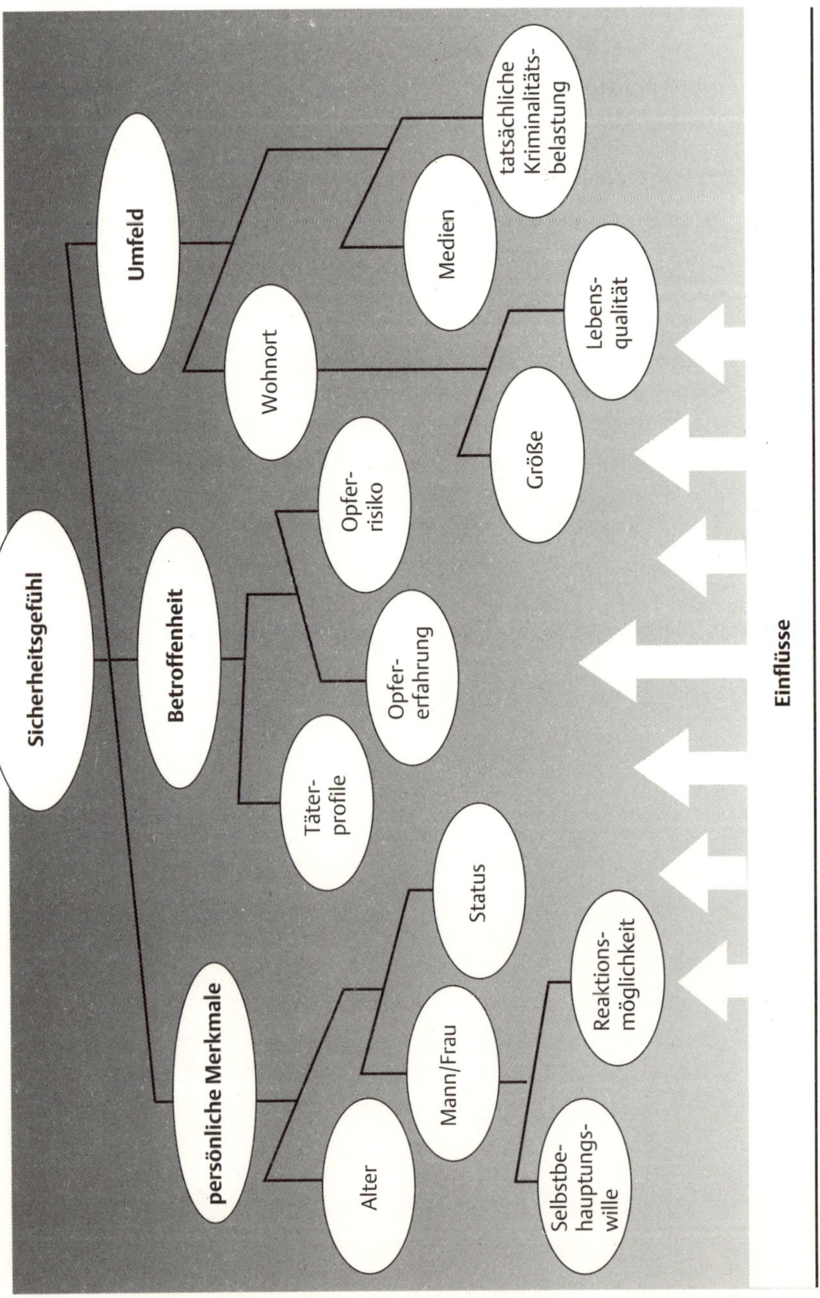
Sicherheitsgefühl
persönliche Merkmale
Betroffenheit
Umfeld
Alter
Mann/Frau
Status
Selbstbe-
hauptungs-
wille
Reaktions-
möglichkeit
Täter-
profile
Opfer-
erfahrung
Opfer-
risiko
Wohnort
Größe
Lebens-
qualität
Medien
tatsächliche
Kriminalitäts-
belastung
Einflüsse

Analyse der eigenen Gefahrenlage

Leider gibt es den kriminellen Typ, den man sofort an seinem Aussehen erkennt, nicht. Es existiert keine wissenschaftliche Theorie, die das Erscheinungsbild eines Straftäters erklären könnte.

Anders verhält es sich jedoch mit Vorgehensweisen von Kriminellen: Hier gibt es mittlerweile viele Erkenntnisse, die bei der Vermeidung von Straftaten eine große Hilfe sind. Grundsätzlich suchen Straftäter leichte Ziele, wobei sie genaue und scharfe Beobachter sind. Die meisten potentiellen Täter scheuen Situationen, die Schwierigkeiten mit sich bringen oder die Gefahr bergen, erwischt zu werden. Elementare Voraussetzungen einer Straftat sind:

- Der Wille des Täters, eine Straftat zu begehen.
- Eine sich günstig darstellende Gelegenheit.

Den kriminellen Willen des Täters können sie nur mittelbar beeinflussen. Doch beim zweiten Punkt, der günstigen Gelegenheit, können Sie selbst durch Vorbeugung aktiv entgegenwirken. Geben Sie also Dieben, Einbrechern, Räubern u. a. Straftätern keine offensichtliche Chance. Selbstverständlich kann niemand wegen der Vielfältigkeit alle Gefahrenlagen darstellen. Doch nach Dringlichkeit, Schwere und zeitlicher Nähe können Sie die verschiedenen Gefahren einordnen und Ihre Maßnahmen daran orientieren.

Merke: Je folgenschwerer der zu erwartende Schaden ist, desto weitreichender und intensiver müssen Ihre Maßnahmen sein.

Wir möchten Ihnen zur Hilfe drei Gefahrenarten darstellen:

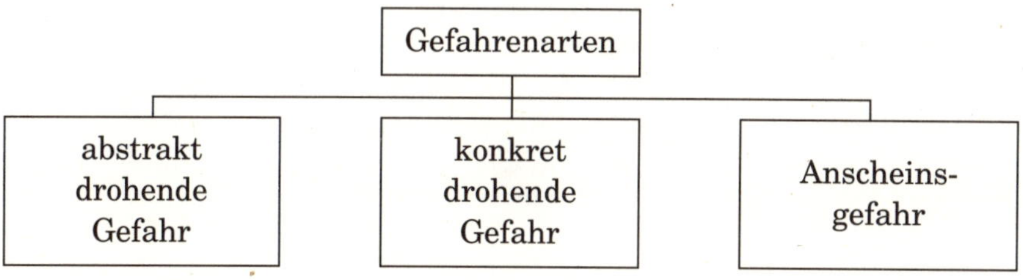

Die abstrakt drohende Gefahr

Lediglich aus Ihrer allgemeinen Lebenserfahrung und der Auswertung der Kapitel »Gefahrenerkennung« können Sie vermuten, daß solch eine Gefahrensituation auch für Sie bestehen könnte. Weder der Zeitpunkt, noch konkrete Einzelheiten oder mögliche Täter können hierbei von Ihnen bestimmt werden. Es besteht lediglich die Möglichkeit, daß auch Sie von einer solchen Gefahr bedroht werden könnten.

Wenn Sie beispielsweise Ihr Haus, das allein am Ortsrand liegt, nicht mit technischen Sicherungen versehen und Sie sehr oft zwischen 10.00 Uhr und 13.00 Uhr abwesend sind, könnte sich bei Ihnen ein sogenannter Tageswohnungseinbruch ereignen.

Die konkret drohende Gefahr

Sie werden mit einer konkret drohenden Gefahr konfrontiert, wenn durch bestimmte Tatsachen die Wahrscheinlichkeit steigt, daß in absehbarer Zeit ein Schaden bei Ihnen eintreten könnte. Beispielsweise ist es in Ihrem Wohnviertel in kürzester Zeit wiederholt zu Wohnungseinbrüchen gekommen. In Ihrer unmittelbaren Nachbarschaft wurden auch schon verdächtige Personen gesichtet. Diese Tatsachen erhöhen die Wahrscheinlichkeit, daß auch Ihr Haus in absehbarer Zeit zum Ziel eines Einbruchs werden könnte. Wegen der zeitlichen Nähe und des möglichen Schadeneintritts, sollten Sie neben präventiven Sicherungs- und Verhaltensmaßnahmen möglicherweise auch Strategien der Gefahrenbegegnung oder Gefahrenüberwindung konkret überdenken. Je wahrscheinlicher der Eintritt eines Schadens für Ihre Person oder Ihr Eigentum ist, desto eher und konkreter müssen Sie Abwehrmaßnahmen ergreifen.

Die Anscheinsgefahr

Natürlich gibt es auch Situationen, von denen Sie nur annehmen, daß sie gefährlich sind. Sie handeln entschlossen, doch dann stellt sich heraus, daß die Situation nur den Anschein einer Gefahr bei Ihnen erweckte. Sie haben beispielsweise Hilferufe aus einer Wohnung gehört, die Polizei verständigt, und die stellt dann fest, daß lediglich der Fernseher zu laut gestellt war. Auch in dieser Lage war es richtig und wichtig, daß Sie gehandelt haben.

Gefahrenvermeidung – wie schütze ich mich?

Merke: Die Kunst der Gefahrenvermeidung liegt darin, sich ständig der Risiken des Alltagslebens bewußt zu sein, ohne sich ständig bedroht zu fühlen.

Ihre Maßnahmen der Gefahrenvermeidung sollten keinesfalls in einem krassen Gegensatz zu Ihrer Lebensqualität oder Ihrer Freiheitsliebe stehen. Es geht nicht darum, eine Art »Bunkermentalität« zu entwickeln. Ihre vorbeugenden Sicherheitsmaßnahmen sollten von einem ausgewogenen Gefahrenbewußtsein geprägt sein, frei nach dem Motto von William Shakespeare: *»Der bessere Teil der Tapferkeit ist Vorsicht«*. Ihr Sicherheitskonzept sollte sich in jedem Fall mit von Ihnen akzeptierten Normen und Wertvorstellungen vereinbaren lassen; nur dann stehen Sie auch wirklich dahinter.

Auch die Kriminalpolizeiliche Beratungsstelle an Ihrem Wohnort kann Ihnen kostenlose Hilfestellung bei der technischen Sicherung Ihres Eigentums geben. Dort werden Sie u. a. erfahren, daß das, was die bösen Buben stört, nicht allzu teuer sein muß. Rufen Sie also Ihre Polizeidienststelle an und erkundigen Sie sich. Einige wesentliche technische Sicherungen werden wir in den Tatortkapiteln kurz darstellen.

Anti-Opfer-Signale

Schon durch Ihre Körperhaltung können Sie zum Ausdruck bringen, daß Sie kein typisches Opfer sind, das ängstlich alles über sich ergehen läßt, sondern daß Sie bereit sind, sich tatkräftig gegen einen Angreifer zur Wehr zu setzen. Sie können also sogenannte **Anti-Opfer-Signale** aussenden, die Sie von vornherein vor einem Angriff schützen. Sollten Sie einer Gefahr nicht rechtzeitig ausweichen können oder fühlen Sie sich beobachtet, so denken Sie an die Anti-Opfer-Signale:

- Blicken Sie dorthin, von wo die Gefahr ausgeht. Weggucken nach der "Vogel-Strauß-Methode" und so tun als sei nichts, macht einen möglichen Angreifer nur sicherer.
- Gehen Sie aufrecht. Den Kopf entschlossen anheben, die Schultern gerade. Sie sehen abwehrbereiter aus.
- Treten Sie möglichst sicher und entschlossen auf mit festem Schritt.
- Die Hände aus den Taschen nehmen und die Fäuste ballen. Die Arme anwinkeln, als wollten Sie bei einem Angriff sofort zuschlagen. Das schreckt den Täter ab. Außerdem fördert die geballte Faust die Blutzirkulation und gibt mehr Selbstvertrauen.
- Werden Sie angesprochen, so sagen Sie deutlich NEIN, und zwar ohne Schuldgefühle.
- Kneifen Sie Ihre Augen etwas zusammen, Der Täter kann Ihre "Innere Lage" schlechter analysieren, bei weit geöffneten Pupillen erkennt er Ihre Angst.

Anti-Opfer-Signale

Diese Verhaltensweisen (Anti-Opfer-Signale) zeigen Ihre Kampfbereitschaft und vermindern dadurch das Angriffsrisiko, denn kein Straftäter möchte bei der Ausübung seiner Tat Schwierigkeiten bekommen.

Damit Sie nicht vor lauter Aufregung in Atemnotstand kommen und durch eine Kurzatmigkeit nicht mehr zusammenhängend sprechen können, sollten Sie bewußt **ausatmen**. Das beruhigt und Sie behalten Ihren Atemrhythmus (s. S. 55). So können Sie sich auch eher verbal gegen einen Angreifer wehren oder einer »Anmache« deutlich widersprechen.

Um sich mehr zuzutrauen, sollten Sie bei Gefahren mit sich selbst sprechen – einen **inneren Monolog** führen. Sagen Sie sich z. B.:
»Da komme ich durch!«
»Das schaffe ich!«
»Den mache ich fertig!«
Mit dieser »**positiven Selbstinstruktion**« nehmen Sie sich Ihre eigene Angst.

Mentale Vorbereitung

Die Japaner sagen: *»Um kämpfen zu können, brauchen wir nicht nur starke Arme und einen schnellen Geist, wir brauchen auch den Gedanken.«* Durch eine gedankliche Vorbereitung auf eine mögliche Angriffssituation erscheint Ihnen ein tatsächlicher Angriff nicht mehr so überraschend. Dadurch kann die sog. Schrecksekunde, die bis zu 20 Sekunden anhalten kann und die Sie lähmt wie das Kaninchen vor der Schlange, deutlich verkürzt werden. So können Sie im Moment der Gefahrbegegnung schneller handeln, denn jeder Augenblick zählt! Als **mentale Trainingsmethode** schlagen wir Ihnen vor, im Geist immer wieder sprachliche oder auch handgreifliche Abwehrmöglichkeiten durchzuspielen. Das läßt sich gut anhand der dargestellten Tatortsituationen üben. Wichtig dabei ist, daß Sie immer selbst als Sieger aus der gedachten Konfrontation hervorgehen.

In guter Nachbarschaft gegen die Kriminalität

Das gegenseitige Aufpassen von Nachbarn aufeinander ist nach Meinung von Anthropologen die älteste Form der Gefahrenvermeidung. **Denn Gemeinschaft macht stark.** Neben Ihren persönlichen Sicherheitsvorkehrungen ist ein Sicherheitsnetz gegenseitiger Hilfe noch immer eine der wirksamsten Methoden gegen Straftäter. Leider ist es heutzutage keine Seltenheit mehr, daß Menschen nicht einmal bekannt ist, wer ihre nächsten Nachbarn sind. Solche gesellschaftlichen Mißstände fördern aber die erfolgreiche Durchführung von Straftaten, insbesondere den Einbruchdiebstahl. Sich unter Nachbarn zu kennen, verspricht noch immer den besten Schutz vor Einbrechern. Technische Sicherheitsvorkehrungen und Alarmanlagen ergänzen nur ein gut funktionierendes Nachbarschaftsverhältnis. Seit 1994 von Niedersachsen ausgehend läuft mittlerweile bundesweit eine beispielhafte Aktion zur Förderung der Sicherheit in der Nachbarschaft unter dem Motto *»Augen auf für nebenan«*.

AUGEN AUF FÜR NEBENAN!

Im Sinne dieser Aktion sollten Sie selber aktiv werden:

- Gehen Sie zu Ihren Nachbarn und stellen Sie sich vor, wenn Sie sich noch nicht kennen.
- Halten Sie regelmäßig ein »Schwätzchen« im Treppenhaus oder über den Gartenzaun.
- Bieten Sie den Nachbarn Ihre Hilfe an.
- Verständigen Sie sich auf ein Mindestmaß an Aufmerksamkeit.
- Bitten Sie Ihre Nachbarn, während Ihrer Abwesenheit Ihre Wohnung/Ihr Haus bewohnt erscheinen zu lassen (Briefkasten leeren, zeitweise Licht einschalten).

Viele weitere nützliche Hinweise zum Thema Nachbarschaftshilfe können Sie auf Seite 67 lesen.

Ein Hüter für das Haus

Im Gegensatz zur kostenfreien Nachbarschaftshilfe haben sich in den letzten Jahren Haushüter-Agenturen auch in Deutschland etabliert. Die Firmen werben u. a. mit den Slogans *»Sorglos außer Haus«* oder *»Bewachen durch bewohnen«* für ihr Gewerbe. Die eigentliche Aufgabe eines Haushüters ist es, während der Abwesenheit des Hausherrn/Hausdame mögliche Einbrecher durch demonstrative Anwesenheit abzuschrecken. Bevor der Hüter ins Haus kommt, lernen sich beide Seiten bei einem Besuch zunächst kennen, denn es muß unbedingt ein absolutes Vertrauen bestehen zwischen Auftraggeber, dem Haushüter und der Agentur. Dabei können Sie als Kunde wählen, ob Sie einen reifen Herren, eine ältere Dame oder ein Ehepaar zu dem »Homesitting« haben möchten. Die Nachfrage nach dieser Dienstleistung ist in den vergangenen Jahren allmählich gestiegen. Der Erfolg spricht für sich, denn im Jahr 1993 hat es landesweit bei 240 000 »Haushüter-Tagen« keinen einzigen Vorfall gegeben. Dieser Service ist jedoch nicht für jedermann erschwinglich: Je nach Agentur muß der Kunde 58,00 DM bis 75,00 DM pro Tag zahlen, die Versorgung von Tieren oder Betreuung älterer Hausbewohner kostet extra.

»Aktive Lebensgestaltung vermindert das Risiko«

Dieser Meinung des Bundesministeriums für Familie und Senioren schließen wir uns an. Denn es bestehen auch für ältere Menschen viele Möglichkeiten für sinnvolle Aktivitäten, sei es im Sport, in Verbänden und Vereinen, bei privaten Initiativen, in Hilfsorganisationen oder auf dem Bildungssektor. Als aktiver Mensch verspüren Sie weniger Unsicherheit, da Sie sich mit der realen Welt auseinandersetzen. Denn gerade Isolation und Unkenntnis ist eine Quelle der Angst.

Merke: Nicht nur Vorsicht, sondern auch aktives Engagement schützt vor Straftätern.

Sollten Sie dennoch Opfer einer Straftat geworden sein, so ist es wichtig, daß Sie nach solch einem Erlebnis so schnell wie möglich in Ihren gewohnten Alltag zurückkehren. Dabei ist es hilfreich, daß Sie Verwandte, Freunde, Nachbarn oder Bekannte ansprechen und dort Ihr Herz ausschütten. Gerade für die schwerste Phase der Opfererfahrung ist jeder nur mögliche Beistand von anderen besonders hilfreich. Denn allein ist es äußerst schwierig, mit solchen Situationen fertigzuwerden (s. S. 166).

Gefahrenbegegnung – wie verhalte ich mich?

Sowohl bei unseren Kursen als auch bei den Vernehmungen von betroffenen Menschen auf dem Polizeirevier hören wir immer wieder, daß viele Opfer vor lauter Angst und Strategielosigkeit vor dem Täter standen und sich nicht mehr rühren konnten, wie das Kaninchen vor der Schlange.

Ihre **Abwehrmaßnahmen** müssen nicht immer blitzartig schnell ausgeführt werden, sondern zielgerichtet, konsequent und der Konstitution und dem Alter angepaßt sein. Da die Kraft und die Beweglichkeit mit dem Alter nachläßt, dürfen die Techniken nicht zu anstrengend oder akrobatisch sein und sollen schnell zum Ziel, also zur erfolgreichen Abwehr führen.

Für den Moment der Gefahrenbegegnung gilt folgende asiatische Weisheit: *»Sei wie das Wasser, zu allem passend sich anzupassen, stets zurückweichen, doch niemals weichen«.*

Sie sollten also in dem Moment, in dem Sie mit einer gefährlichen Situation konfrontiert werden, in einer scheinbaren Passivität doch stets aktiv bleiben und Ihre Chance durch Worte oder Taten suchen. Wünschenswert wäre es auch, wenn Sie die in jedem Menschen steckende Fähigkeit, eine kommende Gefahr zu fühlen, wirksam einsetzen könnten. Dieses Spüren einer Gefahr oder eines noch nicht sichtbaren Feindes hat sich bei den japanischen Samurais zu einer bemerkenswerten Leistungsfähigkeit entwickelt.

Diese Fähigkeit kann auch mit Begriffen wie »**Intuition**« oder »**innere Stimme**« beschrieben werden. So bestätigte eine überfallene Frau später in einem Gespräch: *»Ich habe schon gespürt, daß irgend etwas sehr Schlimmes passieren würde ...«.* Doch sie wußte die Signale ihres »sechsten Sinnes« nicht richtig zu deuten. Unabhängig vom Alter können auch Sie diese Art des Gefahrenerspürens mit stetigem mentalem Training, Überdenken der allgemeinen und speziellen Gefahrenerkennung, sowie einem regelmäßigen körperlich-motorischen Training verbessern.

Versuchen Sie, die Schockphase im Falle eines Angriffs zu verkürzen, damit Sie rasch Ihre Handlungsfähigkeit wiedererlangen. Diese Fähigkeit können Sie selbstverständlich nicht allein mit dem Lesen dieses Buches erlangen, doch nun ist Ihnen das Ziel gezeigt, das zu erreichen ist.

Wie das Kaninchen vor der Schlange ...

In Ihrem Alltagsleben besteht normalerweise eine durchschnittliche Emotionshöhe. Treten jedoch gefährliche und kompliziert erscheinende Situationen auf – vor allem in zeitlich dichter Folge – so gerät Ihr Handlungsvermögen aus dem Gleichgewicht, typische Streßsymptome treten auf und blockieren Ihre Handlungsfreiheit. Es kommt nämlich bei der Konfrontation mit der Gefahr nicht unmittelbar zu einer Erregungserhöhung, sondern es tritt erst eine Schockphase ein, in der Sie die Situation nicht sofort aufnehmen, bewerten und in einen angemessenen Handlungsablauf der Gefahrenüberwindung umsetzen können. Sie fühlen sich wie erstarrt, der Streß blockiert Ihre Wehrhaftigkeit. Folgende Abbildung verdeutlicht das nochmal.

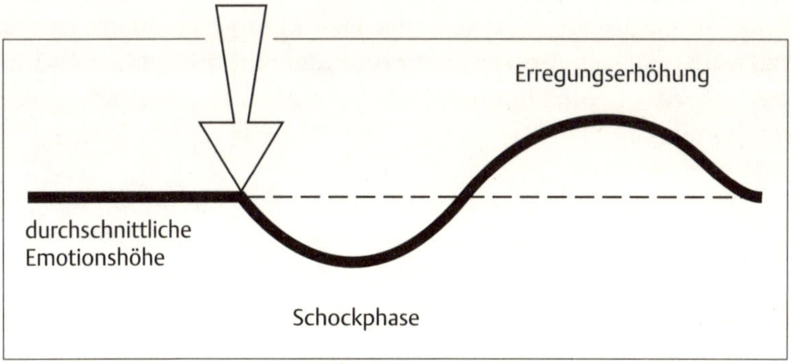

Emotionshöhe im Normalzustand und bei Schock

Parallel hierzu laufen auch körperliche, von Ihnen nicht steuerbare Reaktionen ab: erhöhte Muskelanspannung, Herzklopfen, rasender Puls. Sie fühlen, wie der Mund trocken und die Hände feucht werden, und Sie können nichts dagegen tun.

Die Dauer dieser sogenannten »**vagotonen Schockphase**« hängt auch davon ab, wie Sie selbst den Angriff bewerten. Meistens dauert dieser Schock zwischen 0,6 und 20 Sekunden. Allein Ihre subjektive Bewertung des Angriffs ist für die Länge der Schockphase ausschlaggebend. Diese unterliegt vielen Einflüssen:

- individuelle Erfahrung, Erziehung und körperliche Verfassung
- momentane Gestimmtheit (Vorerlebnisse zur Situation, Umgebungseinflüsse, evtl. das Gefühl eines extremen Zeitdrucks)
- Neuheit des Angriffs
- erlebte Ängste
- angeborene Disposition
- Vorstellung, sich notfalls über strafrechtliche Normen hinwegsetzen zu müssen, z. B. einen Angreifer zu verletzen.

Insbesondere bei bewußt erlebter Todesangst tritt eine längere vagotone Schockphase ein, die auch 20 Sekunden überschreiten kann. Eine Autofahrerin, die beispielsweise in ein Flammenmeer hineinfahren muß, das sich direkt vor ihr durch eine Explosion eines Tanklastzuges ausbreitet, wird länger als 20 Sekunden nicht entsprechend reagieren können.

Ähnlich ist es, wenn Sie plötzlich in die Mündung eines Revolvers blicken. Bei dieser massiven Art eines Angriffs ist es wahrscheinlich, daß Sie für eine bestimmte Zeit nicht adäquat reagieren können. Zu der wahrgenommenen Gefährlichkeit kommt auch noch das Überraschungsmoment hinzu, das Ihre Reaktionszeit abermals verlängert, wenn Sie unerwartet in eine Gefahrenlage geraten.

Zur Verbesserung Ihrer Verteidigungsposition ist es wichtig, die Reaktionszeit zu verkürzen. Es wäre vorteilhaft, wenn Sie, ähnlich wie ein im Cockpit sitzender Formel-1-Rennfahrer, sehr hohe Geschwindigkeiten in eine Art »Zeitlupen-Wahrnehmung« übersetzen könnten.

Denn je weiter das Tempo des Geschehens verlangsamt und in mehrere Phasen zerstückelt werden kann, desto besser können Sie reagieren.

Ihre Aus- und Fortbildung im Bereich Selbstverteidigung sollte gerade im fortschreitenden Alter auf dieses Ziel ausgerichtet sein. Nach Ablauf der Schockphase setzt die Erregungsphase ein. Ist die Erregungserhöhung sehr stark, kann das zu einem inneren Bankrott führen: Sie können das Geschehene zwar noch wahrnehmen, doch nicht mehr verarbeiten. Handlungsunfähigkeit und Wehrlosigkeit sind mögliche Folgen.

Sie sollten sich, egal wie alt Sie sind, aktiv auf eine Gefahrenkonfrontation vorbereiten, indem Sie

- die allgemeine und spezielle Gefahrenerkennung gründlich auswerten,
- die vagotone Schockphase durch aktive Maßnahmen der Gefahrenvermeidung verkürzen,
- Ihre Handlungsfähigkeit auch bei emotionaler Anspannung steigern, indem Sie die Tatortsituationen regelmäßig durchdenken, die Selbstverteidigungstechniken aktiv trainieren und sich durch Gymnastik fit halten (s. S. 45).

Gefahrenüberwindung – wie wehre ich mich?

Wehr Dich, und Du kommst besser davon!

»Lieber fünf Minuten stillhalten und die Zähne zusammenbeißen, als das ganze Leben tot,« hieß früher der – von Frauen als purer Hohn empfundene – offizielle Ratschlag der Polizei.

Heute zeichnet sich ein ganz anderes Bild ab, denn es gilt die Devise *»Wehre Dich, und Du kommst besser davon.«* Die Richtigkeit dieser Aussage wurde 1993 durch eine Auswertung von 289 Vergewaltigungssituationen erneut bestätigt. 68% der Frauen, die eine leichte Gegenwehr ausübten, also Schreien oder Abwehr mit den Armen und Beinen, waren damit erfolgreich und schlugen den Täter in die Flucht. Eine energische körperliche Gegenwehr war in 84% der Fälle wirksam, so daß die geplante Vergewaltigung verhindert werden konnte. Die oft befürchtete, durch Gegenwehr provozierte Eskalation der Brutalität trat nur bei einem einzigen von insgesamt 207 Gegenwehrfällen auf. In zwei anderen Fällen nahm die Gewalttätigkeit der Täter zwar zunächst zu, als die Frauen sich dann aber noch massiver wehrten, gaben die Männer auf.

Also lieber zurückschlagen? Ein gut gemeinter Rat – doch: Wer traut sich das schon? Der Grundstein dieses Dilemmas wird, insbesondere bei Frauen, schon in der Kindheit gelegt. Mit Verboten wie:
»Du darfst nicht schlagen«,
»Du darfst keine Schimpfwörter sagen«,
»Du sollst gefährliche Situationen meiden«,
»Du darfst nicht unhöflich sein«,
»Du darfst nicht rücksichtslos sein«,
»Du darfst nicht hilfsunwillig sein« usw.
wird die Basis für spätere Wehrlosigkeit gebildet. Und das wird Ihnen im Ernstfall zum Verhängnis! Starr vor Schreck lassen Sie alles mit sich geschehen und machen sich anschließend noch Selbstvorwürfe, daß Ihnen so etwas geschehen konnte.

Für Ihre anerzogene Demutshaltung, übrigens eine typisch weibliche Rolle, sind Sie nicht selbst verantwortlich, jedoch dafür, ob Sie nun diese erlernte Opferrolle weiterspielen möchten oder nicht. Für ihre Kinder würden alle Frauen kämpfen wie eine Löwin, doch für sich selbst nicht. Machen Sie sich bewußt, daß Sie selbst es wert sind, für sich zu kämpfen. Insbesondere Frauen müssen verinnerlichen, daß sie grundsätzlich die Kraft haben, sich erfolgreich zu wehren. Viele müßten eigentlich »nur« ihre schlummernden Kräfte mobilisieren, um sich sowohl physisch als auch psychisch für den Fall der Fälle zu wappnen. Wenn Sie beginnen, wirklich an Ihre eigenen Kräfte und Fertigkeiten zu glauben, dann werden Sie stärker sein, als Sie es je ahnten. Werden Sie nicht mutlos! *»Auch der längste Weg beginnt mit dem ersten Schritt«*, sagt eine asiatische Weisheit. Vergessen Sie den Aberglauben, daß alle Männer körperlich stärker sind als Frauen. Viele männliche Täter glauben das auch, und da liegt Ihr großer Vorteil. Ein plötzlicher gezielter Tritt oder Schlag eines älteren Opfers kommt für den Angreifer oft so überraschend, daß er die Flucht ergreift.

Sie sollten sich auch dann wehren, wenn Ihr Leben in unmittelbarer Gefahr ist oder wenn Ihnen ein ernsthafter Schaden droht, auch wenn Sie mit Worten nichts mehr ausrichten können und an Flucht noch nicht zu denken ist. Versuchen Sie, sich so rasch wie möglich nach der vagotonen Schockphase mit einem **inneren Monolog** über Ihre Abwehrstrategie klar zu werden. Geben Sie dem Angreifer oberflächlich gesehen nach. Dadurch verringert sich seine Wachsamkeit und seine gefährlich unberechenbare Nervosität, so daß Sie Zeit gewinnen, Ihre Gegenmaßnahmen zu planen und Ihre Flucht vorzubereiten. Wenn Sie die Schockphase überwunden haben, überdenken Sie schnell folgende Punkte:

- Um wieviele Angreifer handelt es sich?
- Sind Waffen im Spiel? Wo sind diese?
- Inwiefern ist mein Leben durch die Waffe bedroht?
- Welche körpereigenen Waffen kann ich einsetzen?
- Welche empfindlichen Stellen des Angreifers kann ich treffen?
- Wie und wohin kann ich fliehen?
- Wer könnte mir Hilfe leisten?
- Wann ist der beste Zeitpunkt meiner Offensivhandlung?

Natürlich hängt es von der Art und Weise des Angriffs ab, ob taktierendes Abwarten oder schnelles Handeln geboten ist. Haben Sie sich jedoch zu einer Abwehr entschieden, so müssen Sie dies auch ganz konsequent tun. Moralische Skrupel oder falsch verstandene sportliche Fairneß sind leichtsinnig und erhöhen Ihr Risiko.

Merke: Machen Sie keine halben Sachen, denn dies ist kein Spiel!

Wenn ein Mensch geboren wird,
ist er zart und schwach;
im Tode ist er hart und steif.
Sind Dinge und Pflanzen lebend,
sind sie weich und biegsam,
sind sie tot, sind sie spröde und hart.
Darum sind Härte und Steifheit
Gefährten des Todes,
Weichheit und Biegsamkeit
Gefährten des Lebens.
Wenn daher eine Armee starrköpfig ist,
wird sie die Schlacht verlieren.
Ist ein Baum hart,
wird er gefällt.
Das Harte und Starre wird unterliegen,
das Sanfte und Geschmeidige wird siegen.

LAO-TSE

Die körpereigenen »Waffen«

Um die in dem nebenstehenden Gedicht beschriebene Geschmeidigkeit und Biegsamkeit geht es in diesem Kapitel. Denn zum Erlernen einer erfolgreichen Selbstverteidigungstechnik ist es notwendig, Vertrauen in die eigene psychische und physische Widerstandskraft zu bekommen. Gerade beim Älterwerden können Sie sich nicht mehr auf Ihre ehemaligen jugendlichen Kräfte verlassen. Somit sollten Sie zur Unterstützung der reinen Selbstverteidigung die allgemeine Gesundheit und Fitneß in einem guten Zustand haben. Schon vor über 200 Jahren empfahl der Arzt BOERHAAVE:

»Den Kopf halt kühl,
die Füße warm,
und propfe nicht zu
voll den Darm.«

Fitneßtips

Wir haben spezielle Übungen für ältere Menschen zusammengestellt, die Ihnen Spaß machen sollen und die sich günstig auf Ihre körperliche Fitneß und Ihr Wohlbefinden auswirken. Selbst wenn Sie ein wenig »eingerostet« sind und schon lange keinen Sport mehr gemacht haben, dürfte Ihnen diese Gymnastik keine Probleme bereiten. Fangen Sie langsam an, und schon bald werden Sie merken, daß Ihnen die Übungen leichter fallen und Ihr Körper beweglicher und geschmeidiger wird. Dabei brauchen Sie aber auf keinen Fall zu einer voll durchtrainierten Sportlerin werden, auch auf Perfektion kommt es nicht an.

Sie sollten die Gymnastik möglichst täglich durchführen. Nehmen Sie sich für jede Übung eine Minute Zeit, und gönnen Sie sich zwischen den Übungen und auch am Ende eine Entspannungspause. Begleiten Sie die Übungen mit Ihrer Lieblingsmusik, dann turnt es sich viel leichter. (Wir empfehlen Ihnen den Titel *»I will survive«* – ich will leben, ich will bestehen – von der amerikanischen Sängerin Gloria Gaynor.)

Ihre 1. Übung:

Zuerst bringen Sie Herz und Kreislauf in Schwung: Aus dem Stand kreisen Sie abwechselnd mit dem rechten und linken Bein. Jedes Bein 7mal. Beim Beinwechsel gehen Sie leicht auf die Zehenspitzen und atmen tief durch.

Ihre 2. Übung:

Gehen Sie in eine leichte Grätsche und stellen Sie Ihre Füße parallel zueinander. Nun strecken Sie beide Arme hoch, halten dabei Ihren Oberkörper aufrecht und lassen Ihre Arme mit Ihrem Oberkörper sanft nach vorne fallen und nach hinten durchschwingen. Ihre Knie federn dabei leicht mit. Atmen Sie beim Aufrichten ein, beim Fallenlassen aus. Bitte 7mal wiederholen.

Ihre 3. Übung:

Versuchen Sie, aus dem Stand heraus abwechselnd die rechte und linke Ferse an Ihr Gesäß zu bringen. Üben Sie 7mal mit Schwung und bleiben Sie dabei locker.

Die 3. Übung können Sie auch variieren:

Sie stützen sich seitlich an einer Wand ab. Nun ziehen Sie Ihre Ferse mit einem Tuch in Richtung Gesäß und halten die Spannung 7 Sekunden. Jedes Bein 7mal.

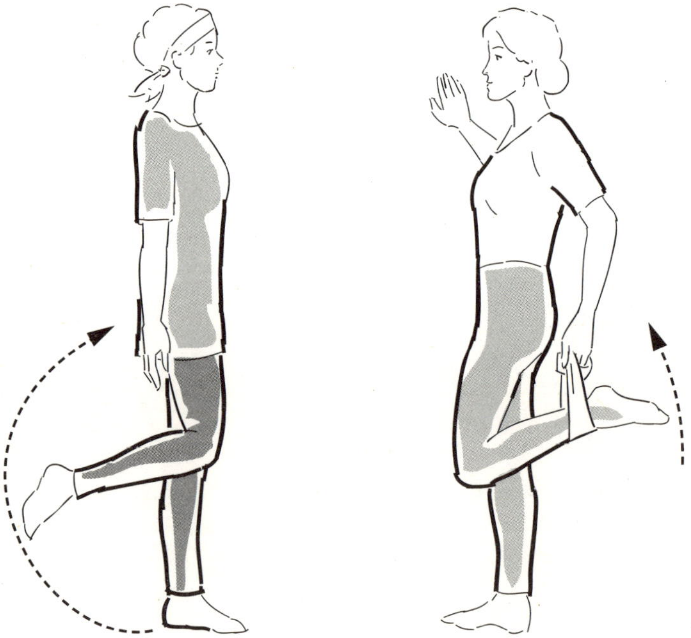

Ihre 4. Übung:

Sie gehen wieder in die Grätschstellung, Ihre Füße stehen parallel. Nun verschränken Sie Ihre Arme hinter dem Kopf. Dann neigen Sie Ihren Oberkörper über die Hüfte nach rechts und links je 7mal, ohne zu wippen. Führen Sie diese Bewegung langsam aus und atmen Sie regelmäßig.

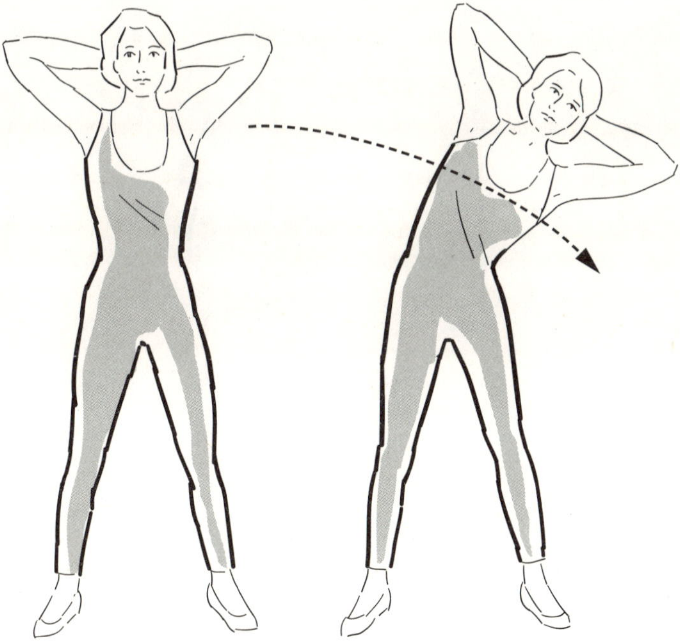

Ihre 5. Übung:

Sie bleiben aufrecht stehen im Grätschstand. Dann klatschen Sie mit durchgestreckten Armen insgesamt 7mal vor dem Körper, 7mal hinter dem Körper und 7mal über dem Kopf in die Hände. Üben Sie möglichst schwungvoll und atmen Sie gleichmäßig weiter.

Ihre 6. Übung:

Gehen Sie in Schrittstellung und drücken Sie Ihre Arme gegen eine Wand. Legen Sie Ihr Körpergewicht auf den vorderen Fuß. Die Ferse Ihres hinteren Beines schieben Sie dabei in Richtung Boden. Halten Sie die Spannung 7 Sekunden. Dann Fußwechsel. Jede Seite 7mal.

Ihre 7. Übung:

Gehen Sie in den Kniestand und drücken Sie Ihre Hände und Unterschenkel auf den Boden. Nun heben Sie abwechselnd 7mal Ihr linkes und rechtes Bein und strecken Sie es lang aus. Dabei sollten Sie Ihren Rücken und das gestreckte Bein gerade halten. Jedes Bein 7mal.

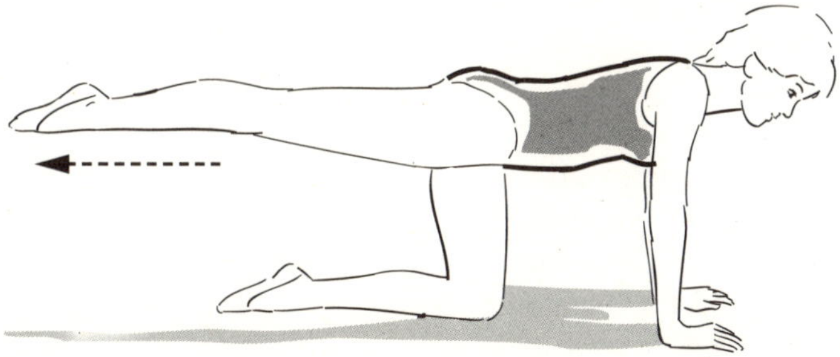

Noch ein Wort zum Sport:

Die Palette der Sportarten für ältere Menschen beschränkt sich heutzutage nicht mehr auf leichte Gymnastik und Volkstanz. Grundsätzlich können Sie jede Sportart wählen, wenn sie an Ihren Trainings- und Gesundheitszustand, eventuell nach Rücksprache mit Ihrem Arzt, angepaßt ist. Erkundigen Sie sich doch in Ihrem örtlichen Sportverein, der Volkshochschule oder bei Krankenkassen nach dem Sportangebot. Für ein regelmäßiges Fitneßprogramm ist es nie zu spät!

Schutzhaltung – sicher stehen

Wenn Sie körperlich angegriffen werden, so bringt der Angreifer Sie zunächst in eine ungünstige Verteidigungslage. Damit Sie sich besser wehren können, müssen Sie sich – gerade als älterer Mensch – in eine bessere Position bringen, um Ihre Abwehr vorbereiten und durchführen zu können. Bei Ihren möglichst kräftesparend ausgeführten Bewegungen sollten Sie den Angreifer NIE aus den Augen lassen. Je geschmeidiger und bewegungsfreudiger Sie dem Angriff ausweichen, desto dynamischer und energischer können Sie Ihre Selbstverteidigungstechniken anwenden. Innerhalb Ihrer Meidbewegungen ist es vorrangig, daß Sie als erstes eine **Seitwärtsstellung** einnehmen, denn so bieten Sie dem Täter mit der Schmalseite Ihres Körpers nur eine kleine Angriffsfläche.

Aus dem Parallelstand Ihrer Füße bringen Sie Ihr rechtes Bein in einer Halbkreisbewegung so nach hinten, daß Ihre beiden Fersen nahezu in einem rechten Winkel zueinander stehen. Ihre

Füße stellen Sie soweit auseinander, daß Sie immer noch einen festen Stand haben, wobei Sie Ihr Gewicht je zur Hälfte auf Ihre Beine verteilen.

Sie halten Ihre linke Faust in Augenhöhe, während Ihre rechte Faust sich in Kinnhöhe befindet. Achten Sie darauf, daß Sie Ihre Unterarme möglichst eng zusammenhalten.

Aus dieser festen Schutzhaltung heraus können Sie nun mit Ihrem Oberkörper Angriffen ausweichen, indem Sie Ihren Oberkörper nach hinten, nach vorne, zu den Seiten oder aber auch nach unten bewegen. Damit Sie nicht das Gleichgewicht verlieren, können Sie mit Ihrem hinteren oder vorderen Bein Ausfallschritte durchführen.

Übungshinweise:

- Suchen Sie sich einen Partner, der mit Ihnen übt, und nehmen Sie die Schutzhaltung ein.
- Nehmen Sie Ihre Hände auf den Rücken und versuchen Sie, den Angriffen Ihres Partners 7mal auszuweichen.
- Spielen Sie mit Ihrem Partner, indem Sie all seine Bewegungen wie ein Spiegelbild nachmachen.
- Ihr Partner versucht 7mal, Ihr Ohr zu erfassen, weichen Sie aus und zählen Sie, wie oft Ihr Partner es geschafft hat.
- Ihr Partner versucht 7mal, Ihre Füße mit seinen Fußspitzen zu berühren, weichen Sie aus und zählen Sie seine Erfolge.

Empfindliche Stellen beim Angreifer

Wir zeigen Ihnen 8 Punkte am menschlichen Körper, wo Sie den Angreifer besonders schmerzlich treffen können, um seinen Angriff abzuwehren. Achtung: Sie können den Angreifer hierbei lebensgefährlich verletzen! Wir haben uns auf die Stellen beschränkt, bei denen Sie sofort eine große Wirkung erzielen können und sich selbst am wenigsten wehtun. So sieht zum Beispiel der mächtige Faustschlag des Westernhelden auf das Kinn seines Gegners im Film gut aus, in der Realität brechen sich die meisten dabei die Mittelhand.

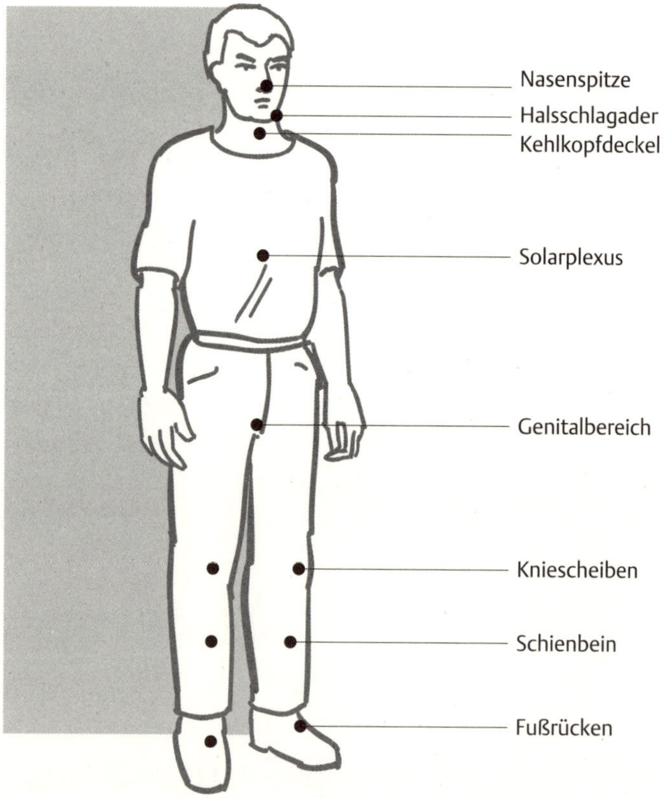

Empfindliche Stellen beim Angreifer

Stark durch richtige Atmung

Eine weitere wichtige Vorbereitung zur Wehrhaftigkeit ist die richtige Atmung, denn wer seinen Atem kontrolliert, kann auch anderen besser widerstehen und widersprechen. Denken Sie an den Spruch: *»Erst tief durchatmen, die Ärmel hochkrempeln und los geht's«.* Bevor Sie sich wehren, sollten Sie sich selbst nach Möglichkeit im Innern wieder zur Ruhe gebracht haben – in diesem Fall durch richtiges Atmen.

Sie können **Atemübungen** im Stehen, im Sitzen oder auch im Liegen durchführen, denn in jeder Position ist die Bauch- oder Zwerchfellatmung möglich. Wir zeigen Ihnen die richtige Atmung im Stehen: Atmen Sie drei Sekunden *(21-22-23)* durch die Nase ein, bis die Luft auch in den unteren Teil Ihrer Lunge gelangt ist. Halten Sie nun den Atem drei Sekunden an *(21-22-23)*. Das Ausatmen durch Ihre leicht geöffneten Lippen dauert schließlich drei weitere Sekunden *(21-22-23)*. Später können Sie die Übung auch auf 5-Sekunden-Schritte steigern.

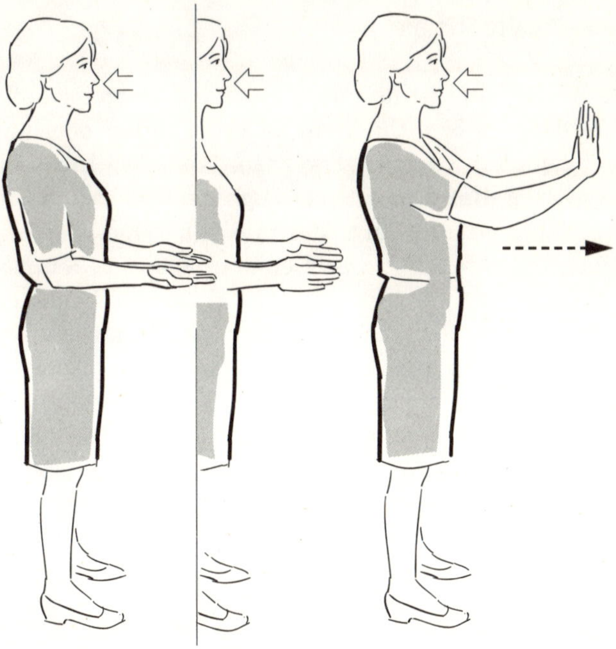

So atmen Sie richtig!

Übungshinweise für das richtige Atmen im Stehen:

- Stellen Sie sich aufrecht hin, Ihre Füße parallel zueinander und etwa schulterbreit auseinander.
- Winkeln Sie Ihre Arme an und drehen Sie Ihre Handflächen nach oben.
- Richten Sie Ihren Blick auf einen gedachten Punkt, der vor Ihnen liegt.
- Im 3-Sekunden-Rhythmus geschieht nun folgendes: Beim Einatmen durch die Nase drehen Sie Ihre Hände nach innen und spannen gleichzeitig Ihre gesamte Muskulatur an. Dann, noch während des Einatmens, drücken Sie Ihre Hände parallel mit den Handballen voran nach vorn. Dabei stellen Sie sich vor, daß Sie etwas ganz Schweres wegschieben. Sind Ihre Arme völlig ausgestreckt, so halten Sie den Atem an. Während Sie durch den leicht geöffneten Mund im 3er-Rhythmus ausatmen, nehmen Sie Ihre Arme und Hände in die Ausgangsposition zurück.

Eine wehrhafte Stimme

Ihre Stimme stellt eine sehr wirksame körpereigene Waffe dar, die Sie immer dabei haben. Sie kann anstelle, vorher oder parallel zu den anderen Techniken eingesetzt werden. Wenn Sie Ihre Gegenmaßnahme mit einem **gellenden Schrei** beginnen, so hat das einerseits eine Schockwirkung auf den Angreifer und andererseits setzen Sie bei sich selbst einen Energieschub frei. Denken Sie an die Tennisspielerin Monica Seles, die jeden Schlag mit einem Schrei begleitet. Laute Schreie erzeugen Lärm, den Täter ebenso wie Licht nicht mögen, denn sie fürchten, daß Hilfe heraneilt.

Mit Schreien entspannen Sie auch Ihren Körper, Sie machen sich Luft. Ein entspannter Körper ist flexibler, widerstandsfähiger und nicht so verletzungsanfällig. Schreien können alle Menschen, egal wie alt sie sind.

Aber wie schreien Sie am besten?

Ihr Schrei sollte möglichst aus dem Bauch heraus kommen, ähnlich wie bei der Atemübung. Schreien Sie möglichst nur mit einer Silbe, beispielsweise: *Ahhhhh, oooooh,* oder auch *tschaaaaa.*

Schreien Sie so laut, daß sich der Angreifer erschreckt, als würde er mit einer eiskalten Dusche aus den süßesten Träumen geholt.

Übungshinweise:

- Wenn Sie ein Auto haben, so benutzen Sie es als Übungsraum, während der Fahrt oder beim Halten. Fenster hochkurbeln und los geht's.
- Zu Hause brüllen Sie in ein Kissen oder in eine Decke.

Merke: Piepsen Sie nicht wie eine Maus, sondern brüllen Sie wie eine Löwin.

Den Täter schockieren

Wie Sie wissen, tritt durch einen plötzlichen Angriff zunächst die vagotone Schockphase ein. Dies gilt nicht nur für Sie als Angegriffener, sondern auch für den Angreifer. Bevor Sie sich wehren, sollten Sie also den Täter mit akustischen, optischen oder physischen Reizen schokken, um seine Reflexe und Körperfunktionen zu stören. So gewinnen Sie wertvolle Zeit, die Sie für Ihre eigentliche Abwehrtechnik nutzen können.

So können Sie den Täter schocken:

- unerwartete Bewegung
- laut schreien
- in die Hände klatschen
- ins Gesicht spucken
- Tränengas ins Gesicht sprühen
- werfen Sie dem Angreifer Ihre Handtasche, Einkaufstasche oder Ihren Schlüsselbund entgegen
- kräftiger Tritt gegen das Schienbein
- kneifen
- verbale Äußerungen, z. B. *»Ah, die Polizei ist da«,* oder *»Hermann, hier ist jemand.«*

Hilfsmittel zu Ihrer Verteidigung

Im folgenden soll ein kurzer Überblick über Hilfsmittel gegeben werden, die Sie sich anschaffen können, um Ihr Sicherheitsgefühl zu steigern. Zum anderen zeigen und erläutern wir Geräte, die der Notwehr dienen. Alle dargestellten Geräte sind frei erhältlich (in gut sortierten Waffengeschäften meist vorrätig).

Die vorgestellten Geräte wurden von uns erprobt und getestet. Erfahrungen von Betroffenen, die diese oder ähnliche Hilfsmittel eingesetzt haben, fließen in unsere Beschreibungen mit ein. Sie sollten beachten, daß es sich hier wirklich nur um Hilfsmittel handelt, die keineswegs die später vorgestellten spezifischen Abwehrtechniken ersetzen sollen. Achten Sie darauf, daß die Verfallsdaten von Batterien und Sprays nicht überschritten werden.

Tränengasspray

Es kann in kleinen und großen Spraydosen oder in Kugelschreibern, Pistolen, Schlüsselanhängern und Schlagstöcken eingebaut sein, und macht durch Reizung der Augen, der Haut und der Atemwege den Angreifer handlungsunfähig. Versprüht wird meist CS-Gas. Die Hersteller weisen darauf hin, daß in Entfernungen unter 1 m beim Besprühen die Gefahr gesundheitlicher Schädigung besteht, jedoch sind in Lebensgefahr solche Abwägungen wohl eher zweitrangig. Lassen Sie sich beim Kauf eines solchen Sprays die Sicherung erläutern und vorführen, ob es auch wirklich sprüht. Vorteilhaft ist eine Spraydose, die so klein ist, daß man sie auch in die Faust nehmen und zuschlagen kann. Wir empfehlen kleine Sprays, die Sie in Ihrer Faust verbergen können. Das steigert Ihr Sicherheitsgefühl. Setzen Sie CS-Sprays in Räumen sowie in Pkw/Bus/Bahn ein, bedenken Sie, daß Sie selbst nach einem Versprühen schnell den Raum verlassen müssen. Sollten Sie Ihr Tränengas im Handschuhfach aufbewahren, denken Sie an die hohen Temperaturen, die entstehen können. Dies gilt insbesondere bei Fahrten in den Süden.

Preise 1995: ca. 14,00 DM für kleine Spraydosen, ca. 26,00 DM für die größeren Sprays.

Elektroschockgeräte (Paralyser)

Sie werden in der Form von Pistolengriffen, Taschenlampen oder Schlagstöcken angeboten. An den Enden befinden sich zwei Kontaktstifte, die bei der Berührung einen Schlag von bis zu 200 000 Volt abgeben. Dieser Stromschlag kann zu einer kurzen Bewegungsunfähigkeit des Angreifers führen. Über den Erfolg der Elektroschockgeräte wird unterschiedlich berichtet. Gastwirte haben damit aggressive Kunden aus ihren Räumlichkeiten getrieben und Taxifahrerinnen wehrten sich erfolgreich gegen aufdringliche Fahrgäste. Wer diesen Paralyser mal an sich selbst ausprobiert hat, weiß wie schmerzhaft es ist. Die Elektroschockgeräte sind auch gut zur Abwehr gegen bissige Hunde oder um Hunde voneinander zu trennen, die sich ineinander verbissen haben.

Preise 1995: ca. 64,00 DM für Modelle im Pistolengrifformat bis ca. 250,00 DM als Schlagstock.

Abwehrspray gegen Hunde (Contra Dog)

Da Hunde gegen CS-Gase immun sind, wird ein spezielles Hundeabwehrspray angeboten als Pfefferspray oder auf CN-Gas-Basis.

Preis 1995: ca. 15,00 DM.

Farb-Gel-Spray

Kleine und handliche Sprayflaschen, mit denen im Notfall ein dichter Farbstoffschaum versprüht wird. Nach Angaben der Hersteller soll der Angreifer in Sekundenschnelle kampfunfähig und aufgrund des intensiven Farbstoffes mehrere Tage kenntlich gemacht werden.

Der Sprühstrahl soll auf das Gesicht des Angreifers gerichtet werden. Bei Entfernungen unter 1 m besteht die Gefahr der gesundheitlichen Schädigung. Die Spraydose sollte sich nicht zu stark erwärmen.

Preis 1995: ca. 15,00 DM.

Notrufsignalgeräte

Handliche Geräte in Zigarettenschachtel-Größe, die wie kleine Diktiergeräte aussehen. Zum Teil haben sie nützliche Zusatzausstattungen: Taschenlampe, Raumüberwachung, Türsicherung etc.

Das Notrufgerät ist mit einer leistungsstarken Sirene bestückt, die ein Signal mit einer Ursprungslautstärke von 130 Dezibel abgibt (die menschliche Schmerzgrenze liegt normalerweise bei 125 Dezibel). Zur Auslösung des Alarms einfach mit dem Zugband einen Sicherungsstift herausziehen, der Alarm soll bei einer neuen Batterie bis zu 2 Stunden andauern. Hiermit können z. B. Handtaschen gesichert werden. Das Gerät wird in der Tasche verstaut, das Zugband am Handgelenk befestigt. Entreißt der Täter die Tasche, wird der Sicherungsstift mit dem Zugband automatisch herausgezogen und die Sirene ertönt. Der Räuber hat dann eine tönende Handtasche, die er wohl gerne wieder loswerden möchte.

Preise 1995: Je nach Art der Zusatzausstattung von ca. 45,00 bis 110,00 DM.

Tatortsituationen

Hier haben wir 10 Tatortsituationen, die für die Lebenssituation älterer Menschen typisch sind, ausgewählt und sie systematisch anhand der »Vier-G-Methode«, also Gefahrenerkennung, Gefahrenvermeidung, Gefahrenbegegnung und Gefahrenüberwindung, durchstrukturiert. Hier werden Sie einiges von dem, was Sie bisher schon gelesen haben, wiederfinden. Wie haben hier für Sie spezifische Techniken der Selbstverteidigung ausgewählt, die sich sowohl in der polizeilichen Praxis bewährt haben als auch von älteren Menschen in unseren Selbstverteidigungskursen favorisiert wurden. Aus dem Boxen haben wir für Sie den Faustschlag ausgewählt, der Ellenbogen- und Knieschlag sowie der Fußtritt stammt aus dem Karate. Dem Ju-Jutsu haben wir die Nervendrücke in Form des »Seißelbergschen Krebsgriffs« entnommen. Die Einsatzmöglichkeit von Hilfsmitteln oder Gegenständen wie Fahrradlenker, Stock, Schirm oder Schlüssel haben wir aus unserer Praxis entwikkelt.

Ein Mensch, der weiß, daß er sich wirkungsvoll wehren kann, tritt auch selbstsicher auf. Dies dokumentieren u. a. die von Frauen gemachte Aussage: *»Auch wenn ich noch nicht jeden Überfall perfekt abwehren kann, so traue ich mir doch zu, es mit jedem Angreifer aufzunehmen. Damit habe ich schon fast gewonnen.«* oder *»Zu wissen, wie ich mich im Ernstfall wehren kann, gibt mir bereits ein Gefühl größerer Sicherheit.«*

Selbstverteidigungstechniken sollten deshalb innerhalb Ihres persönlichen Sicherheitskonzeptes zu Ihrem Handwerkszeug gehören. Dieses Handwerkszeug sollte stets in einem guten Zustand sein. Nicht nur lesen und unter Ihr Kopfkissen legen, sondern »learning by doing« ist angesagt. Wie bei einem Handwerker – die Praxis ist ausschlaggebend.

Die einzelnen Techniken stellen wir Ihnen nun anhand von 10 ausgewählten Tatortsituationen vor.

Tatort: Wohnung/Haus
Einbruchsdelikte

Gefahrenerkennung

In der gesamten Bundesrepublik Deutschland häufen sich die **Tageswohnungseinbrüche,** kurz »TWE« genannt. 1993 wurden bundesweit 71 863 Delikte registriert.

Insgesamt erbeuteten die Täter Sachwerte und Bargeld in Höhe von ca. 306,4 Millionen DM. Wie hoch die Schäden durchschnittlich bei den einzelnen Delikten sind, zeigt Ihnen folgende Graphik.

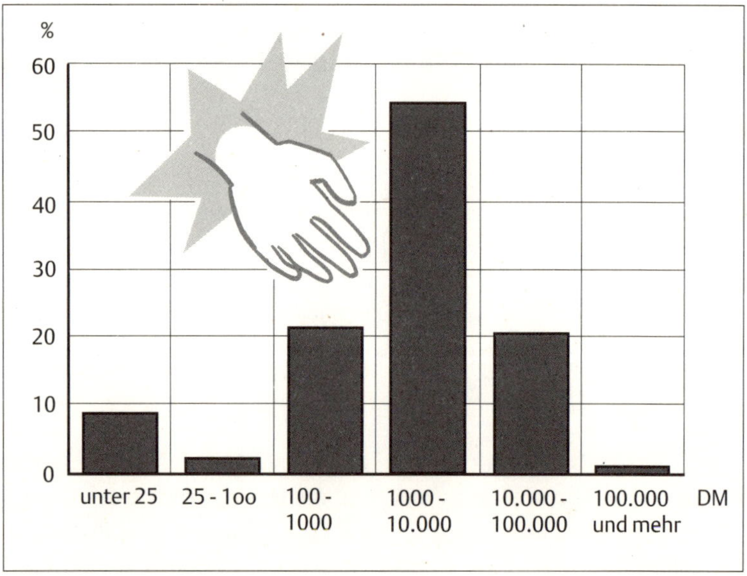

Durchschnittliche Schadenshöhe

Die niedrige Aufklärungsquote ist mit ca. 13% sehr gering: Denn viele TWE werden von sog. **durchreisenden Tätern** begangen, die sich Zielorte entlang der Bundesautobahnen oder der Bundesfernstraßen auswählen. Meistens kundschaften die Tätergruppen ihre »Operationsgebiete« vorher genauestens aus und haben durch die gute Verkehrsanbindung schnelle Fluchtmöglichkeiten. Nach den blitzschnell über die Bühne gehenden Einbrüchen sind die Täter manchmal schon 100 km weit weg, bevor die Tat überhaupt entdeckt, geschweige denn der Polizei gemeldet wird. Die Auswertung von Statistiken und Strafanzeigen läßt folgende Erkenntnisse zu:

- Wohnungen und Wohnhäuser im städtischen Bereich sind stärker gefährdet als im ländlichen Bereich.
- In Wohnungen von Mehrfamilienhäusern wird öfter (zu 60%) eingebrochen als in Einfamilienhäuser (40%).

Je nachdem, ob es sich um ein Einfamilienhaus oder ein Mehrfamilienhaus handelt, gehen die Täter anders vor:

Bei Einfamilienhäusern:

- Oftmals planen die Täter ihre Vorgehensweise voraus, das Haus wird beobachtet, und die Täter gehen zielgerichtet vor, wobei sie oft Spezialwerkzeuge einsetzen.
- Die Tatzeit liegt meistens in der Dunkelheit.
- Die Täter dringen hauptsächlich durch die Fenster ein (60%), zu 20% durch die Haustür.
- Es werden nicht nur Bargeld, Schecks und Schmuck, sondern auch Antiquitäten, Teppiche, Gemälde und Unterhaltungselektronik gestohlen.

Bei Wohnungen in Mehrfamilienhäusern:

- Es handelt sich mehrheitlich um Gelegenheitstäter oder reisende Einzeltäter bzw. ganze Gruppen.
- Die Täter bevorzugen ungesicherte Objekte, die Auswahl ist groß, denn 85% der Wohnungstüren sind nicht ausreichend gesichert.
- Die Tatzeit liegt schwerpunktmäßig am Tag.
- Diese Täter bevorzugen zu $^2/_3$ das Eindringen durch die Haus- bzw. Wohnungstür, lediglich zu 15% kommen sie durchs Fenster.
- Es werden bevorzugt Bargeld, Schecks und Schmuck gestohlen, da diese Dinge leicht am Körper zu verbergen sind.

Bei den Werktagen machen die Täter kaum Unterschiede, an den Wochenenden wird jedoch seltener eingebrochen, da die Bewohner meistens öfter zu Hause sind. Die meisten TWE werden zur Mittagszeit verübt. Manchmal testen die Täter durch Anrufen oder Klingeln an der Haustür, ob jemand zu Hause ist. Ist das Haus leer, so wird es von der Rückseite über die Terrassentür, Fenster, Kellertür in Angriff genommen.

Merke: Einfamilienhauseinbrecher sind Kletterkünstler.

Aufhebeln, Einschlagen oder Eintreten von Türen, Fenstern oder Verglasungen, Abdrehen von ungeschützten Schließzylindern, Riegelziehen bei doppelflügeligen Altbauwohnungstüren usw. gehört zum Repertoire der unliebsamen Gäste. Ins Haus oder in die Wohnung gelangt, führt der erste Weg ins Schlafzimmer, da hier Schmuck oder Bargeld am ehesten vermutet wird.

Man muß zwischen Gelegenheitstätern und professionellen Tätern differenzieren.

Gelegenheitstäter sind zu 60% unter 25 Jahre alt und zu 88% Männer. Sie nutzen jede sich bietende Gelegenheit und gehen deshalb oft planlos vor. Sie benutzen selten Spezialwerkzeug, sondern eher kleine Hebelwerkzeuge z. B. Schraubendreher zur Tatausführung. Zwar stehlen sie meistens »nur« leicht absetzbare Werte wie Bargeld, Schmuck oder Schecks, richten aber nicht selten größere Begleitschäden an bis hin zum Vandalismus. Ein Teil dieser Täter ist rauschgiftabhängig und finanziert mit der Beute die Sucht.

Auch die **professionellen Täter** sind in der Mehrzahl männlichen Geschlechts, über 20 Jahre alt und gehen oft allein ihrem »Handwerk« nach, zu dem sie Spezialwerkzeuge benutzen. Da sie mehrheitlich auf Bestellung stehlen, gehen sie gezielt vor, planen mit Sorgfalt und versuchen, alle möglichen Risiken von vornherein auszuschließen.

Gefahrenvermeidung

Die folgenden Ratschläge zur Vermeidung eines Einbruchs beruhen auf einer Befragung einer großen Anzahl ehemaliger Einbrecher, die über ihre Tricks Auskunft geben und kommen somit »aus erster Hand«. Suchen Sie sich die für Sie relevanten Tips heraus und setzen Sie diese unbedingt in die Tat um. Wägen Sie dabei vernünftig zwischen Lebensqualität und persönlicher Sicherheit ab. Bedenken Sie auch, daß ein Einbruch mehr ist als ein lästiges, kostenverursachendes Vorkommnis, nämlich eine Verletzung Ihrer Intimsphäre: Ein wildfremder Mensch war in Ihrem Refugium, hat Schränke durchwühlt und ein wildes Durcheinander hinterlassen. Das löst oftmals starke Gefühle der Wut und der Ohnmacht aus, und es kann lange dauern, bis Sie sich in Ihren vier Wänden wieder sicher und heimisch fühlen.

- Achten Sie darauf, daß Ihr Haus bzw. Ihre Wohnung niemals einen unbewohnten Eindruck vermittelt, also:
  - kein überquellender Briefkasten,
  - keine ständig heruntergelassenen Rolläden,
  - kein ungepflegter Rasen,
  - keine leeren Mülltonnen.
- Sprechen Sie nicht im großen Kreise über eine bevorstehende Reise.
- Informieren Sie niemanden über Ihre Abwesenheit auf Ihrem Anrufbeantworter.
- Schließen Sie stets Fenster, Oberlichter, Balkon- und Terrassentüren sowie die Garagentür, selbst wenn Sie nur kurz abwesend sind.
- Verstecken Sie nicht den Haus- und Wohnungstürschlüssel außerhalb Ihrer Wohnung/Haus, sondern nehmen Sie ihn mit oder übergeben Sie ihn einer Vertrauensperson (evtl. im Briefumschlag).
- Kleben Sie keine Zettel an die Außentür wie *»Komme gleich wieder«,* die auf Ihre Abwesenheit genauestens hinweisen.
- Haben Sie Ihren Wohnungs- oder Hausschlüssel verloren, wechseln Sie unverzüglich Schlösser oder Schließzylinder aus, insbesondere wenn Sie gleichzeitig Personaldokumente verloren haben.

- Auch wenn Sie zu Hause sind, sollten Sie die Außentür verschlossen halten und eine Sperrkette oder einen Sperriegel vorlegen.
- Nie die Außentür öffnen, ohne daß Sie sich vorher vergewissert haben, wer davor steht. Sehen Sie sich Ihren Besuch vor dem Öffnen der Tür durch den Türspion genau an.
- Verlangen Sie an der Tür von Firmenbeauftragten, von Organisationen oder Behörden einen Ausweis.

Hier noch einige Hinweise, wie Sie Ihre **Wertsachen** schützen können. Wir meinen damit nicht nur wertvolle Teppiche, Schmuck und Antiquitäten, sondern auch teure Gebrauchsgegenstände wie z. B. Videorekorder, Mikrowelle oder Stereoanlage.

- Fertigen Sie eine Liste mit Ihren Wertsachen an, in der Sie jedem Stück eine Nummer geben und in einer Liste den Preis, die Fabriknummer, den Hersteller, die Marke/Typ sowie eine kurze Beschreibung (z. B. niedrige Nußbaumkommode mit 3 Schubladen) und besondere Merkmale (z. B. Schramme am rechten vorderen Fuß) notieren. Diese Liste sollten Sie gesichert deponieren.
- Die Nummern sollten wegen der besseren Speicherung bei der Polizei auf Computer 9stellig sein; nehmen Sie Ihr Geburtsdatum und setzen Sie jeweils einen Buchstaben davor (Beispiel: B12051931).
- Die Nummern können Sie mit speziellen UV-Stiften auf Möbel, Geräte und Teppiche aufzeichnen; diese Farbe wird bei der Polizei unter UV-Lampen sichtbar gemacht, die die dann wiedergefundene Diebesbeute dem Eigentümer zuordnen kann.
- In Kaufhäusern werden weitere nützliche Utensilien zum Markieren von Wertgegenständen angeboten.
- Sie können besondere Wertgegenstände auch fotografieren. Das erleichtert die polizeilichen Sucharbeiten wesentlich.
- Schmuck und kleinere Wertsachen sollten Sie bei längeren Reisen im Banksafe deponieren.
- Informieren Sie vor längeren Reisen Ihr Polizeirevier über Ihre Abwesenheit und geben Sie an, wo Sie erreichbar sind und wer notfalls Ihre Schlüssel hat.

Weiterführende Schutzmaßnahmen

Nicht nur bei längeren Reisen sollten Sie Ihre Nachbarn bitten, auf Ihr Haus oder Ihre Wohnung aufzupassen, täglich die Zeitungen und die Post wegzuräumen, die Rolläden tagsüber hochzuziehen und abends öfter einmal das Licht ein- und auszuschalten, denn dies sind Signale: Es ist jemand zu Hause.

Gründen Sie in Ihrer näheren Umgebung eine Initiative »**Augen auf für nebenan**« oder schließen Sie sich einer schon bestehenden Nachbarschaftshilfe an (s. S. 35). Hierdurch können Sie nicht nur mögliche Straftaten verhindern, sondern Sie fördern auch Ihre zwischenmenschlichen Kontakte, aus denen sich vielleicht sogar die ein oder andere nette Bekanntschaft ergibt. Also, werden Sie aktiv:

- Nehmen Sie selbst Kontakt zu Ihren Nachbarn auf und vereinbaren Sie gemeinsam gegenseitige Hilfeleistungen, wie z. B. nach dem Briefkasten zu schauen oder auf das Haus oder die Wohnung aufzupassen.
- Geben Sie den Nachbarn eine Telefonnummer an, unter der Sie im »Notfall« erreichbar sind.
- Scheuen Sie sich nicht, Fremde, die sich im Haus oder auf dem Nachbargrundstück aufhalten, nach dem Grund ihrer Anwesenheit zu fragen.
- Kümmern Sie sich insbesondere um alleinstehende, behinderte oder hilfsbedürftige Nachbarn, z. B. indem Sie regelmäßig vorbeischauen oder anrufen.
- Öffnen Sie gerade in Mehrfamilienhäusern nicht gedankenlos die Haustür: Fragen Sie zuerst über die Sprechanlage, wer ins Haus will.
- Falls Sie etwas Verdächtiges beobachten, rufen Sie lieber einmal zu viel als zu wenig bei Ihrer örtlichen zuständigen Polizeidienststelle an: Notruf 110.
- Treffen Sie mit Ihren Nachbarn klare Absprachen, welche Sendung oder Lieferung bei Ihrer Abwesenheit angenommen werden darf.
- Informieren Sie Ihre Nachbarn über zu erwartenden Besuch oder über bestellte Handwerker.
- Überlegen Sie, ob Sie an markanten Punkten Ihres Hauses/ Wohnung Aufkleber anbringen, die auf die Nachbarschaftshilfe hinweisen; das schreckt Straftäter ab.

Schutzmaßnahmen für Ihr Grundstück

Überprüfen Sie auch gegebenenfalls Ihr Grundstück nach folgenden Sicherheitsaspekten:

- Mauern und Zäune sollten Ihnen einen gewissen Schutz bieten. Deshalb: Je massiver, desto besser. Lassen Sie Ihre Mauer oder Ihren Zaun fest im Erdreich verankern. Achten Sie darauf, daß kein Treppen- oder Leitereffekt entsteht. Alle Teile Ihres Zaunes oder Ihrer Mauer sollten mit einem Überkletterungsschutz versehen sein (Achtung: Bauvorschriften beachten!).
- Mauern und Zäune nützen recht wenig, wenn Garten- oder Garagentüren unverschlossen bleiben. Lassen Sie eine Türsprechanlage installieren, evtl. mit einer Videoanlage.
- Bäume, Sträucher und Büsche verschönern zwar Ihr Grundstück und bieten Sichtschutz, doch leider auch Verstecke für unwillkommenen Besuch. Also: Vermeiden Sie unübersichtliche Bepflanzungen direkt an Ihrem Haus.
- Eine möglichst lückenlose Außenbeleuchtung schreckt »lichtscheue« Einbrecher sehr gut ab. Doch sollte solch eine Anlage so installiert sein, daß sie nur im Haus an- und ausgeschaltet werden kann. Die Lampen sind möglichst außer Reichweite anzubringen und durch beschlaghemmende Kunststoffe oder Drahtkörbe zu sichern.
- Liefern Sie den Einbrechern keinen Strom durch Außen-Steckdosen, damit diese keine elektrischen Einbruchswerkzeuge verwenden können. Also: Außensteckdosen müssen von innen abschaltbar sein; verlegen Sie keine Stromleitungen auf einer Außenwand.
- Achten Sie unbedingt darauf, daß Ihre Telefonleitung nur unterirdisch Ihrem Haus zugeleitet wird, denn sonst könnten Sie von einem Täter von der Außenwelt »abgeschnitten« werden. Und: Ihr Telefonhauptanschluß gehört ins Schlafzimmer.
- Regenwasserrohre und Blitzschutzleitungen können Sie mit einem Stachelkranz versehen oder mit einem aufstiegshemmenden Schutzanstrich.

Kein Haus der »offenen Tür«

Da die überwiegende Zahl der Einbrecher durch die Tür eindringt, stellen wir Ihnen nun vor, welche Sicherheitsanforderungen eine »gute« Tür erfüllen sollte.

Der Schloßbereich besteht aus Türschild, Schloß- und Winkelschließblech und leistet einem Einbrecher oft nur sehr wenig Widerstand, obwohl schon ziemlich einfache Vorrichtungen diesen Bereich sicher machen könnten:

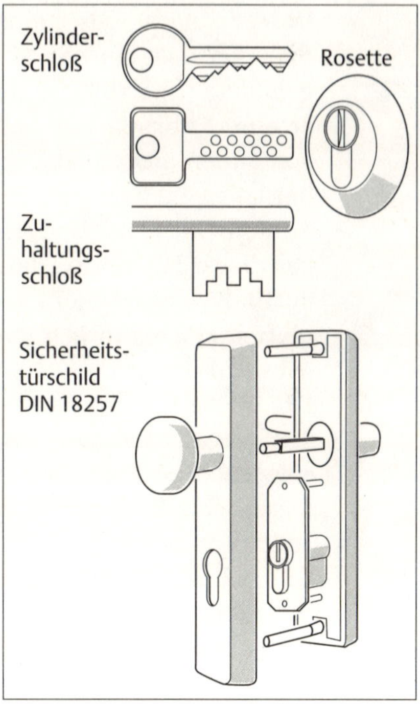

- Ihr Schloß muß mindestens einen Schließzylinder haben, der der DIN 18252 oder RAL RG 607/5 entspricht.
- Ihr Schloß sollte mindestens sechs asymmetrische Zuhalterungen haben.
- Um das Abdrehen eines vorstehenden Schließzylinders zu verhindern, sollten Sie eine stählerne Ausgleichsrosette nach DIN 18257 einbauen lassen, die von außen nicht abschraubbar ist.
- Ihr Sicherheitstürschild sollte der DIN 18257 entsprechen und nur von innen verschraubt werden.
- Ihr Zuhaltungsschloß und Ihre Zylinderschlösser sollten durch Sicherheitsbeschläge nach RAL RG 607/6 geschützt sein.

Um den Schließbereich noch besser abzusichern, können Sie folgende **Vorrichtungen** einbauen lassen:

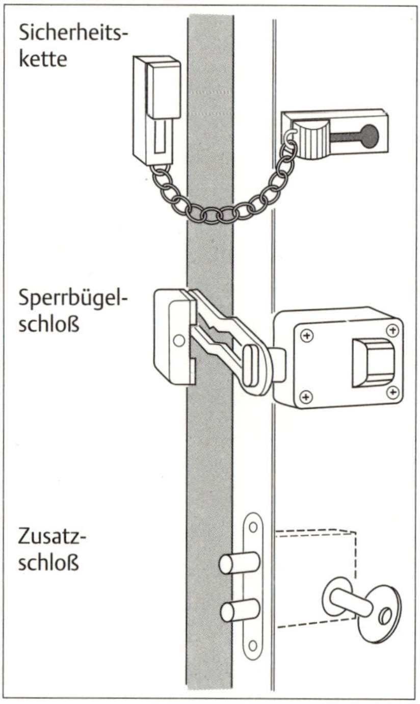

- Anbau einer Türspaltkette, abgebildet ist eine Sperrkette, die verhindert, daß Ihre spaltbreit geöffnete Tür von außen her ganz aufgedrückt wird.
- Besser noch als eine Sperrkette ist der hier abgebildete Sperrbügel, da er eine Führung hat und von außen nicht aushängbar ist.
- Achten Sie beim Befestigen dieser Hilfsmittel darauf, daß diese fest am Türblatt und Türrahmen angebracht werden.
- Der Widerstandswert der Tür wird durch ein Zusatzschloß erhöht, wenn dieses ebenfalls der DIN 18252 entspricht.

Damit Ihre Tür nicht von außen aufgehebelt werden kann, sollten Sie ein widerstandsfähiges **Winkelschließblech** anbringen lassen, das 70 cm lang sein sollte und eine Materialstärke von mindestens 3 mm hat (die Schrauben sollten 5 cm lang sein). Der Widerstandswert wird erhöht, wenn das Winkelschließblech versetzt angebrachte Löcher hat.

In jede Außentür gehört ein **Weitwinkel-Spion** (ab 170° Blickwinkel), denn so können Sie unwillkommenen Besuch durch die verschlossene Tür erkennen, auch wenn dieser vor der Tür kauert.

Dieser Türspion darf auf gar keinen Fall von außen abschraubbar sein und sollte eine Abdeckung in Form einer Klappe, Schiebers oder Deckel besitzen. Ihre Sicherheitsmaßnahmen werden weiter verbessert, wenn Sie sich eine **Türsprechanlage** installieren lassen.

Ungesichert wird ihre Terrassentür zum schwächsten Glied in Ihrer Sicherheitskette. Damit Einbrecher diese Tür nicht als Einstieg verwenden können, sollten Sie eine Gegenmaßnahme ergreifen, die Sie schon für ca. 50 DM im Fachhandel erhalten können: Eine **Hebetürsicherung** macht eine der beliebtesten Einstiegsarten unrentabel. Auf jeden Fall muß das **Türblatt** besonders widerstandsfähig sein. Holztürblätter (Voll-oder Schichtholzausführung) gewährleisten erst ab einer Materialstärke von 4 cm eine ausreichende Sicherheit. Stahl- oder Stahlblechtüren müssen zumindest eine Außenwandstärke von 3 mm haben, um einbruchshemmend zu sein.

Wir empfehlen Türen, die der DIN 18103 oder DIN 18105 entsprechen. Besitzen Sie eine Außentür mit Glaseinsatz, so überprüfen Sie vorsorglich, ob es sich um eine Normalverglasung handelt. Diese sollten Sie umgehend durch einbruchshemmendes Verbundschichtglas oder Kunststoffglas ersetzen.

Viele Einbrecher fangen unten an

Leider sind Kellerfenster und Kellertüren oft nur unzureichend gesichert, so daß sie gerne von Einbrechern zum Einstieg benutzt werden. Insofern sollten nach außen führende Keller- oder Nebentüren möglichst stabile Vollholztüren oder Metalltüren mit Metallzargen sein. Der Schließzylinder sollte wie bei der Außentür der DIN 18252 entsprechen. Alle Außentüren sollten sich am Sicherheitsstandard Ihrer Haustür orientieren. Erfüllen sie diese Anforderungen nicht, so können Sie diese Türen zusätzlich absichern durch:

- eine Stangenverriegelung
- starke Riegel im unteren oder oberen Türdrittel
- Zusatzschlösser
- Querhölzer
- Metallstangen.

Der Fensterbruch

Fast die Hälfte der Einbrecher schlägt nach Erkenntnissen der Polizei zuerst ein Fenster ein, um in ihr ausgewähltes Objekt zu gelangen, und dann den Weg durch dieses eingeschlagene Fenster in das Haus, um ihrem »Handwerk« nachgehen zu können.

Ein Kellerfenster können Sie mit einem Gitter sichern, doch bei einem großen Wohnzimmerfenster treten mit Sicherheit Probleme verschiedenster Art auf. **Gitterstäbe** schützen zwar auch in diesem Bereich, doch ist diese Maßnahme wohl schwerlich mit Ihrem Schönheitssinn als Hauseigentümer vereinbar. Bei kleineren Fenstern tragen Fenstergitter nicht nur etwas zu Ihrer Sicherheit bei, sondern sie können auch eine Zierde sein, jedoch müssen Sie dabei auf eine fachmännische, stabile Montage Wert legen.

Das **Kunstglas** aus Polycarbonat hält selbst Pflastersteinwürfen und Hammerschlägen stand, doch leider zu einem Preis von ungefähr 200 DM pro Quadratmeter – ohne Einbau. Sie können Ihre Fenster jedoch auch ohne größeren Aufwand sicherer machen:

- Durch eine verschließbare Kette sollte Ihr Dachfenster sowohl in geschlossenem Zustand als auch spaltbreit geöffnet gesichert werden.
- Abhilfe schafft ein Schließsystem für die Fenstergriffe, z. B. Schließhebel oder Drehkipphebel mit Schloß.
- Rolläden besitzen nur dann einen Sicherheitswert, wenn sie aus Stahl, Aluminium oder Holz sind, in Führungsschienen verlaufen, die mit dem Mauerwerk fest verbunden und gegen das Hochschieben von außen durch möglichst hoch angebrachte, automatisch wirkende Rolladensperren innen gesichert sind.
- Besitzen Sie Kellerfenster aus Glasbausteinen, so sollten diese in den Fugen gemäß DIN 4242 armiert sein.
- Nicht vergitterte Kellerfenster sollten Sie von innen durch Stahlblechblenden verstärken, die dann mit einem Vorhängeschloß, das nicht von außen zu öffnen ist, besonders gesichert werden.
- Fast immer wird die »Schwachstelle« Bodentreppe einfach vergessen. Sichern Sie also Ihre Bodentreppe durch ein Querriegelschloß gegen »Klettermaxe« ab.

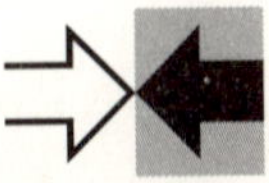

Gefahrenbegegnung

Sollten Sie in Ihrer Wohnung plötzlich einem Einbrecher gegenüberstehen, raten wir Ihnen, möglichst ein Gespräch mit ihm anzufangen. Machen Sie ihm klar, daß Sie sich lieber von Ihren Wertgegenständen trennen, als gesundheitliche Schäden in Kauf zu nehmen. Selbstverständlich werden Sie Angst haben, doch sollten Sie sich daran erinnern, daß die Mehrzahl der Einbrecher Ihnen persönlich nichts tun will, sondern es nur auf Hab und Gut abgesehen hat. Führen Sie also mit sich einen inneren Monolog – eine **positive Selbstinstruktion** (s. S. 35) – durch und warten Sie gegebenenfalls eine bessere Verteidigungsposition ab. Prägen Sie sich die Merkmale und die Eigenarten des Täters ein! Planen Sie während des Gesprächs Ihre Flucht.

Auch wenn Sie lediglich den Verdacht haben, daß fremde Personen in Ihrer Wohnung oder Ihrem Haus sind oder waren, setzen Sie unverzüglich die Polizei davon in Kenntnis. Sie sollten niemals selbst, womöglich allein, Ihr Besitztum nach möglichen Einbrechern durchsuchen.

Merke: Verstellen Sie einem Einbrecher nicht den Fluchtweg! Er könnte Sie sonst verletzen, um sich in Sicherheit zu bringen.

Gefahrenüberwindung

Kommt es trotz taktischer Kommunikation und Offenhalten des Fluchtweges zu einer Auseinandersetzung mit dem Täter, so empfehlen wir Ihnen als Abwehrtechnik den Knieschlag, der ausführlich im Tatort Geldautomat erörtert wird (s. S. 147).

Als sehr wirkungsvoll haben sich auch die Elektroschockgeräte erwiesen (s. S. 59).

Interessenwahrung im Schadensfall

Verständigen Sie unverzüglich die Polizei, wenn Sie einen Einbrecher oder einen Einbruchsversuch festgestellt haben. Verzichten Sie darauf, selbst Detektiv zu spielen, denn Sie könnten aussagekräftige Spuren vernichten, die Sie nicht gleich als solche erkennen. Rufen Sie deshalb auch von einem Nachbartelefon an.

Wenn die Polizei den Tatort aufgenommen hat, sollten Sie nicht vergessen, Ihren Versicherungsvertreter anzurufen, damit er Ihnen bei den versicherungstechnischen Angelegenheiten weiterhelfen kann.

Überprüfen Sie anhand Ihrer zuvor gefertigten Liste die noch vorhandenen Wertsachen. Mit der Liste erleichtern Sie die polizeiliche Fahndung und die eigene Abwicklung mit Ihrer Versicherung (s. S. 123).

Tatort: An der Haustür
Haustürbetrug und Trickdiebstahl

Der **Haustürbetrug** spielt sich in der Regel tatsächlich auf Ihrer Türschwelle ab. Mit oftmals falschen Angaben erschleicht sich ein Werber Ihre Unterschrift für ein Zeitschriftenabonnement oder Ihnen werden für teures Geld in Billiglohnländern gefertigte Glückwunschkarten als Blindenhandarbeit verkauft. Beim **Trickdiebstahl** gelangen die Täter unter Vorwänden in Ihre Wohnung, wo sie dann mit großem Instinkt Ihren Geldbeutel oder Ihren Schmuck aufspüren.

Bei dieser Art der Kriminalität kommt es im allgemeinen zwar zu keinen großen materiellen Einbußen, allerdings sind mehrheitlich Menschen betroffen, für die auch kleinere Schäden einen empfindlichen Verlust darstellen.

Es ist erwiesen, daß bevorzugt ältere Mitmenschen Opfer von Dieben und Betrügern an der Haustür werden, da sie häufig ihr Geld zu Hause aufbewahren. Zudem sind sie oft einsam, da alleinstehend, und freuen sich arglos, hilfsbereit oder obrigkeitsgläubig auch über fremde Besucher. Die Straftäter wissen, daß ältere Menschen wegen nachlassender Merkfähigkeit selten brauchbare Zeugen für die Polizei oder Staatsanwaltschaft sind. Obwohl ältere Menschen eher einen Angriff auf der Straße befürchten, beweist die Statistik, daß ältere Menschen den Straftätern häufiger im Wohnungsbereich ausgesetzt sind.

Differenzierte Statistiken über Täter, Opfer und Schäden gibt es nicht. Jedoch kann man sagen, daß mit 3013 registrierten Fällen im Jahre 1993 der Haustürbetrug und der Trickdiebstahl nicht so häufig sind, wie von vielen befürchtet. Zudem werden 66% dieser Straftaten aufgeklärt. Der entstandene relativ hohe Gesamtschaden in Höhe von 22,1 Millionen DM beruht auf einigen wenigen besonders gravierenden Fällen. Da die Vorgehensweisen bei diesen Strafdelikten so vielfältig sind und durch die grenzenlose Fantasie der Betrüger ständig neue Tricks hinzukommen, können wir Ihnen hier nur die **gängigsten Methoden** vorstellen. Die Hinweise zur Gefahrenerkennung und -vermeidung sollen Sie deswegen für die generelle Gefahr der Haustürkriminalität sensibilisieren.

Gefahrenerkennung

Betrug an der Haustür

Hier haben wir für Sie einige wichtige Zahlen zu Betrugsdelikten ausgewählt:

- 90% der Betrüger und Betrügerinnen sind älter als 18 Jahre, denn für die Begehung dieses Deliktes bedarf es einiger Geschäfts- und Menschenkenntnis sowie einer guten Portion Lebenserfahrung.
- Es gibt zwar keinen einheitlichen Betrügertyp, aber: Vielen ist ein gutes Einfühlungsvermögen, ein gewisses schauspielerisches Talent, ein gewandtes und sicheres Auftreten sowie ein hohes Maß an Überredungskunst gemeinsam.
- Männliche Betrüger treten gern als Erfolgsmenschen oder Amtspersonen auf.
- Weibliche Täter spielen gerne hilfsbedürftige oder einsame Frauen.
- Die Opfer sind meistens ältere, alleinstehende Frauen. Sie sind deswegen als Opfer bevorzugt, da sie bei überraschenden Haustürgeschäften auf die Schnelle keinen Preis- und Qualitätsvergleich mit entsprechenden Waren anderer Anbieter durchführen können. Selbst bei kritischen Bürgerinnen ist die Gefahr, an der eigenen Haustür betrogen zu werden, recht groß, denn vielfach sind die zum Verbraucherschutz gemachten Gesetze nicht bekannt und die oft psychologisch raffinierten »Winkelzüge« des Betrügers sind schwer zu durchschauen.

Merke: Um an Geld zu kommen, nutzen Betrüger unerbittlich jede menschliche Schwäche aus, vom Aberglauben bis zur Zaghaftigkeit.

Trickdiebstahl

- Einzeltäter treten sehr häufig als falsche Amtsperson auf.
- Einzeltäterinnen geben sich häufig als ehemalige Nachbarinnen, entfernte Verwandte oder als Grußbestellerinnen aus.
- Gruppentäter bevorzugen die Rolle als Haustürhändler: Während ein Täter das ausgewählte Opfer ablenkt, stiehlt der Komplize.

Gefahrenvermeidung

Grundsätzlich gilt zur Vermeidung der Gefahr:

- Bevor Sie Ihre Tür öffnen, schauen Sie durch Ihren Türspion oder fragen über Ihre Sprechanlage nach, wer da ist.
- Bevor Sie Ihre Tür öffnen, legen Sie den Sperrbügel oder Ihre Sperrkette vor.
- Lassen Sie keine Fremden in Ihre Wohnung oder Ihr Haus.
- Wenn Sie alleinstehend sind, dann schreiben Sie lieber zwei vollständige Namen auf Ihr Klingelschild. Ein Mann in der Wohnung schreckt den Täter ab. Dabei sollten Sie nicht vergessen, auch das Namensschild an Ihrem Briefkasten und den Telefonbucheintrag evtl. dementsprechend anzupassen.

Betrug an der Haustür

- Bewahren Sie sich gegenüber Fremden stets ein gesundes Mißtrauen.
- Lassen Sie sich nicht durch ein vertrauenswürdiges Aussehen, sicheres Auftreten, Höflichkeit oder freundliches Wesen blenden.
- Lassen Sie sich von Amtspersonen, selbst wenn diese Uniform tragen, den Dienstausweis zeigen und prüfen Sie Bild, Stempel und Behördenanschrift.
- Wenn Sie schon Verträge an der Haustür unterschreiben, dann sollten Sie die Schriftstücke genauestens durchlesen, vergessen Sie auf keinen Fall das **Kleingedruckte**. Bestehen Sie darauf, die »Allgemeinen Geschäftsbedingungen« lesen zu können.
- Lassen Sie sich nie zu einem Vertragsabschluß drängen; überprüfen Sie das Angebot, indem Sie es mit anderen Angeboten vergleichen.
- Lassen Sie vor allem bei sehr günstigen Angeboten besondere Vorsicht walten. Niemand hat etwas zu verschenken, zudem könnte es sich um Diebesgut handeln, an dem Sie aus rechtlichen Gründen keinen Eigentum erwerben können.
- Verweisen Sie den Verkäufer auf einen späteren Termin, um vergleichen zu können.

Trickdiebstahl

Zur Gefahrenvermeidung des Trickdiebstahls gelten dieselben Hinweise wie für den Betrug an der Haustür. Außerdem sollten Sie folgende Ratschläge beherzigen:

- Schauen Sie sich den Fremden sehr kritisch an.
- Bewahren Sie keine größeren Geldbeträge in Ihrem Wohnraum auf, denn Ihre »sicheren« Verstecke sind den Tätern wohlbekannt.
- Deponieren Sie wertvolle Sachen in einem Bankschließfach.

Merke: Ihre Sicherheit geht vor, auch wenn der oder die Fremden noch so vertrauenswürdig, freundlich, energisch oder hilfsbedürftig auftreten.

Gefahrenbegegnung

Häufig haben Betrüger und Trickdiebe in den verschiedensten Maskierungen an der Haustür leichtes Spiel. Oft geben sich Männer als Fachmann aus, der bestimmte Dienstleistungen außerordentlich gut und zu sehr günstigen Preisen erbringen kann. Doch wie können Sie solch einen angeblichen Fachmann als Scharlatan entlarven, ohne sein Opfer zu werden? Vor allem sollten Sie einen Fachmann alle möglichen Fragen bezüglich seiner Arbeit stellen. Erhalten Sie nur widerwillig Antwort, so sollten Sie auf der Hut sein. Bei fast allen Haustürgeschäften können Sie sich soviel Zeit lassen, daß Sie zumindest andere Informationen oder Meinungen einholen oder einen **Preisvergleich** anstellen können. Seriöse Fachleute werden dies verstehen und nochmals vorsprechen – dann können Sie einen Freund oder eine Freundin dabeihaben. Wenn Sie jedoch schon beim ersten Kontakt mit dem sog. Fachmann ein ungutes Gefühl haben, dann sollten Sie Ihrem »Radar« folgend seine Dienste auf keinen Fall in Anspruch nehmen.

Betrug an der Haustür

Beenden Sie unbedingt sofort das »Geschäftsgespräch«, wenn Sie auch nur den leisesten Verdacht haben, es könnte sich um eine Betrugsvariante handeln. Wir möchten Ihnen nun verschiedene Betrugsarten vorstellen um Ihre Sensibilität zu erhöhen. Dies sind jedoch nur einige Beispiele, und da dem Erfindungsreichtum der Betrüger keine Grenzen gesetzt sind, kommen immer wieder neue, raffinierte Tricks hinzu.

Betrug bei oder mit Vertragsabschluß

(Beispiel: Zeitschriftenvertriebsfirmen, Flugrettungsdienste)

Die Vorgehensweise:

- Der angebliche »Vertreter« gibt sich als ehemaliger Strafgefangener oder Drogenabhängiger aus. Nun mache er ein Rehabilitationsprogramm und finanziere über Zeitschriftenverkauf sein Studium.
- Angeblich will der »Vertreter« für den Bau eines Altenheimes sammeln. Mit Ihrer Unterschrift auf einer vorbereiteten Liste erschleicht er aber in Wirklichkeit ein Abonnement für eine Zeitschrift.
- Angeblich wird der »Vertreter« vom Pastor empfohlen und Sie sollen sein Zeitungsabonnement unterzeichnen.

Bedenken Sie, daß die Vorgehensweisen der »Haustürgeschäftemacher« nicht immer eine Straftat sind, die polizeilich verfolgt werden können. Sie als Kunde müssen die überteuerte Ware nicht kaufen und können sie im nächsten Geschäft oft viel preiswerter erwerben. Das Vergehen, teure Ware als besonders günstig anzupreisen, ist keine Straftat. Wird jedoch der Eindruck erweckt, daß mit dem Kauf einer angebotenen Ware eine Spende oder Unterstützung, z. B. für eine karitative Einrichtung verbunden ist, der Gewinn aber tatsächlich in den Taschen des Werbers landet, dann liegt ein strafbarer Betrug vor. Seien Sie also generell auf der Hut, wenn Ihnen jemand eine Ware oder Dienstleistung an der Haustür verkaufen will.

Betrug bei Sammlungen

(Beispiel: Verkauf von Erzeugnissen aus Behinderten- oder Blindenwerkstätten)

Die Vorgehensweise:

- Jemand will Sie an der Haustür als neues zahlendes Mitglied eines wohltätigen Vereins werben. Besondere Vorsicht! Hier gilt das verbraucherschützende Rücktrittsrecht in der Regel nicht! Ihre gutgemeinte, einmalige Spende kann sich als Verpflichtung zur Zahlung monatlicher Beträge entpuppen, wobei ein Großteil Ihres Geldes bei der Mitglieder-Werbeorganisation verbleibt.
- Bei Sammlungen an der Haustür kann bei Ihnen auch jemand erscheinen, der nicht dazu berechtigt ist, sondern nur in die eigene Tasche sammelt. Deshalb sollten Sie sich unbedingt den Sammelausweis zeigen lassen, der vom Veranstalter ausgefüllt sein muß. Ein Sammelausweis muß immer
  - eine fortlaufende Nummer,
  - den Namen bzw. Stempel und Unterschrift des Veranstalters,
  - Art, Ort und Zeit der Sammlung,
  - die vollen Personalien des Sammlers,
  - das Aktenzeichen des Genehmigungsbescheides,
  - den Abdruck des Siegels der Genehmigungsbehörde

  enthalten. Der Sammler muß mindestens 14 Jahre alt sein, bei Personen über 16 Jahre gilt der Sammlerausweis nur in Verbindung mit dem Personalausweis.

Waren- und Leistungsbetrug

(Beispiel: Arbeiten an Haus und Wohnung, Teppiche, Antiquitäten, Grußbestellerschwindel, Nachnahme- und Lieferbetrug).

Die Vorgehensweise:

- Ein Mann gibt sich als Angestellter der Baubehörde oder der Wohnungsgesellschaft aus. Dann erzählt er Ihnen von notwendigen Renovierungsarbeiten. Nach dem Vermessen Ihrer Zimmer fordert er dann eine Kostenvorauszahlung. Zahlen Sie, so sehen Sie das Geld nie wieder.

- Bei einer trauernden Witwe steht überraschend der »Gerichtsvollzieher« vor der Haustür, um ausstehende Verpflichtungen des Verstorbenen zu kassieren. Angeblich hat dieser Buchbestellungen, Schmuck oder pikanterweise Sexartikelbestellungen nicht bezahlt. Der Verstorbene hat damit überhaupt nichts zu tun, denn den Namen hat der Betrüger aus den Todesanzeigen der Zeitung ausgewählt. Gehen Sie auf solche Forderungen nicht ein.
- Ein seriös wirkender Herr erklärt Ihnen, daß in Kürze eine Rentenerhöhung bevorstehe. Um diese zu erhalten, sei aber zuerst eine Nachzahlung Ihrerseits von Rentenbeiträgen erforderlich, die Sie unverzüglich in bar oder mit einem Scheck zahlen sollen. Natürlich bei dem seriösen Herrn, damit Sie Ihre Ansprüche nicht verlieren.
- Es kann auch sein, daß ein »Beauftragter« der Landesversicherungsanstalt (LVA) bei Ihnen vorspricht und erklärt, daß er nach mehrmaliger schriftlicher Aufforderung nun eine Rentenüberzahlung zurückfordern müsse. Er droht Ihnen die gesamte Rente sperren zu lassen, wenn Sie die Rückzahlung nicht sofort tätigen.

Wissenswertes zu dieser letzten Betrugsvariante:
- Die Landesversicherungsanstalten entsenden grundsätzlich keine Mitarbeiter zu Hausbesuchen. Sollte dies doch geschehen, so wird der Besuch seitens der LVA mehrere Tage vorher schriftlich angekündigt.
- Die Mitarbeiter der LVA haben einen Dienstausweis, den Sie sich vorzeigen lassen sollten.
- Sollen Sie Zweifel an dem Besucher haben, so rufen Sie bei der zuständigen LVA an, bevor Sie den »Mitarbeiter« in Ihre vier Wände einlassen.

Hier noch einige Hinweise zu diesen Betrugsvarianten:
- Vergessen Sie nie, daß die Welt von Schwindlern und Betrügern nur so wimmelt, doch nicht jeder, der an Ihrer Haustür klingelt, gehört dazu.
- Vergessen Sie nie, daß bevorzugt Frauen als Opfer ausgesucht werden.
- Machen Sie nur mit bekannten Leuten Geschäfte.

- Prüfen Sie den Inhalt eines Vertrages genau. Lassen Sie sich Zeit, verschieben Sie die Vertragsunterzeichnung um einen Tag.
- Bewahren Sie Ihre Geduld, und machen Sie keine übereilten Haustürgeschäfte.
- Achten Sie auf das Widerrufsrecht. Bei Haustürgeschäften müssen Sie die Belehrung über das Widerrufsrecht gesondert unterschreiben.
- Bedenken Sie, daß die Grauzone der kleinen Betrügereien im Rahmen der geltenden Gesetze groß ist. Manche Dinge sind gerade noch so erlaubt, doch Ihr Geld ist trotzdem weg.
- Die Markenzeichen von Schwindelprodukten sind die marktschreierische Werbung und unreelle Verkaufspraktiken. Denn: *»Wenn der Fuchs predigt, hüte die Gänse«,* das weiß schon eine alte Volksweisheit. Lernen Sie, zu widerstehen.

Trickdiebstahl

- Da es unmöglich ist, alle Tricks und Varianten von Trickdieben aufzuzeigen, können wir Ihnen mit unserer Auswahl leider keine Patentrezepte vorstellen, die in jedem Fall helfen oder schützen. Denn Trickdiebe täuschen Ihre Opfer auf mannigfaltige Art und Weise, ganz raffiniert und ohne Skrupel wenden Sie alle Tricks an, um in Ihre Wohnung zu gelangen. Zumindest werden wir Ihnen die häufigsten Tricks aufzeigen, mit denen Sie konfrontiert werden können.

Der »Glas-Wasser-Trick«

Dieser Trick wird meistens von einem Täterpaar benutzt. Ein Täter täuscht Übelkeit oder Schwangerschaft vor, um von Ihnen ein Glas Wasser zu erbitten, während sich ein Komplize oder eine Komplizin in Ihr Haus oder Wohnung schleicht, in Windeseile alles durchsucht und Wertsachen und Geld mitgehen läßt.

Ihre Maßnahme der Gefahrenbegegnung:

Schließen Sie konsequent Ihre Tür vor der Person, wenn Sie das gewünschte Wasser holen. Lassen Sie niemanden eintreten, auch wenn Ihnen das unhöflich erscheint.

Der »Blumen- und Geschenkabgabe-Trick«

Bei diesem Trick erzählen Ihnen die Täter, daß sie gerne Blumen oder ein Geschenk für den Nachbarn abgeben möchten. Sie werden höflichst gebeten, sie in Ihre Wohnung zu lassen, damit sie selbst die Blumen ins Wasser stellen oder die Aufbewahrung der Geschenke sicherstellen können.

Ihre Maßnahme der Gefahrenbegegnung:

Nur wenn Sie ausdrücklich von Ihrem Nachbarn gebeten wurden, Blumen, Geschenke oder ähnliches anzunehmen, sollten Sie dies tun. Auf jeden Fall lassen Sie die Fremden draußen vor Ihrer Tür.

Der »Papier- und Bleistift-Trick«

Die Täter möchten eine Nachricht für einen angeblich nicht anwesenden Nachbarn schreiben, doch leider fehlen ihnen die Schreibutensilien. Sie werden um Papier und Bleistift gebeten, und da man draußen so schlecht schreiben kann, fragt man Sie, ob sie nicht eintreten dürften.

Ihre Maßnahme der Gefahrenbegegnung:

Reichen Sie dem Fremden Papier und Bleistift durch den mit dem Sperrbügel gesicherten Türspalt und lassen Sie die Fremden draußen vor Ihrer Tür schreiben.

Der »Notlage-Trick«

Die Täter täuschen eine Autopanne, eine Erkrankung oder einen Unfall vor und bitten Sie höflich, in Ihrer Wohnung telefonieren zu können. Der Aufenthalt wird zum Diebstahl genutzt.

Ihre Maßnahme zur Gefahrenbegegnung:

Sie sagen, daß Sie selbst um Hilfe telefonieren werden. Wenn Sie so vorgehen, machen Sie sich auch keiner unterlassenen Hilfeleistung schuldig.

Der »Amtspersonen- und Handwerker-Trick«

Immer wieder geben sich Betrüger als Personen dieser Berufsstände aus, um in die Wohnbereiche Ihrer Opfer zu gelangen. Sind die Täter erst einmal in Ihrer Wohnung, so werden Sie damit abgelenkt, daß Sie entweder irgendwelche Unterlagen hervorholen oder dem Handwerker bei Wartungsarbeiten zur Hand gehen sollen. Diese Ablenkung wird dann zum Diebstahl benutzt.

Ihre Maßnahme zur Gefahrenbegegnung:

Lassen Sie Handwerker nur dann in Ihre Wohnung, wenn Sie diese selbst angefordert haben oder aber die Hausverwaltung sie angekündigt hat. Bei Amtspersonen lassen Sie sich zunächst den Dienstausweis zeigen und fragen dann bei der zuständigen Behörde nach, ob sie wirklich jemanden geschickt haben. Die LVA z. B. macht Hausbesuche nur mit schriftlicher Ankündigung.

Der »Baby-Trick«

Die Täter geben vor, daß sie ein Baby versorgen müssen und bitten Sie darum, in Ihre Wohnung eingelassen zu werden.

Ihre Maßnahme zur Gefahrenbegegnung:

Sie sollten dieser Bitte nur dann nachkommen, wenn Sie nicht allein in der Wohnung sind.

Hellwach müssen Sie ebenfalls werden, wenn Fremde angeben:

- daß sie Ihre Toilette benutzen wollen,
- daß sie ein entfernter Verwandter von Ihnen oder von einem Nachbar wären, der gerade nicht da ist,
- daß sie ein ehemaliger Schulfreund sind.

Merke: Vorsicht vor Schwindel und Betrug! Freundlich abgeschlagen ist besser, als mit Unwillen gegeben!

Gefahrenüberwindung

Fußtritt

Sollte trotz aller Maßnahmen der Gefahrenvermeidung und -begegnung ein Täter in Ihre Wohnung eingedrungen sein oder versuchen, Sie an der Tür zu überwältigen, dann können Sie ihn mit dem hier beschriebenen Fußtritt, sowie mit dem »**Schmetterstoß**« oder dem »**Schneidenden Fußstoß**« abwehren. Sehen Sie sich die Zeichnungen und die Fotoserie an. Diese Technik hat bei richtiger Ausführung eine große »Man-stop-Wirkung«, wenn sie gegen sensible Körperteile des Angreifers gerichtet ist. Mit einem einfachen, aber gezielten Fußtritt halten Sie einen Angreifer auf größerer Distanz, so daß Sie außerhalb seiner Reichweite sind und Ihre weiteren Abwehrmaßnahmen vorbereiten und durchführen können. Grundsätzlich sollten Sie Ihren Fußtritt zunächst mit dem hinteren Bein in der Seitwärtsstellung ausführen, da die Wucht bei diesem Bein am stärksten ist. Treten Sie mit dem vorderen Bein zu, ist diese Ausführung zwar nicht so kraftvoll, dafür aber blitzschnell. Treten Sie so zu, daß alle verfügbare Kraft sich beim Fußtritt im Fußballen konzentriert. Diesen wirkungsvollen Tritt können Sie auch aus einer sitzenden Position ausführen.

Die Technikausführung

Nehmen Sie eine Seitwärtsstellung ein: Aus der Parallelstellung der Füße, die schulterbreit voneinander entfernt sind, ziehen Sie Ihr rechtes Schlagbein in einem Kreisbogen so weit nach hinten, daß Sie in einer »L-Stellung« zum sicheren Stand kommen. Das hintere Bein kann auch auf dem Fußballen aufgesetzt werden. Nun drehen Sie Ihre Hüfte gerade nach vorn. Sie ziehen Ihr rechtes Knie nach oben, winkeln es möglichst scharf an und lassen den Unterschenkel aus Ihrem Kniegelenk herausschnappen. Somit erzeugen Sie eine größere Schnelligkeit, denn Ihre Kraft legt einen »langen Weg« bis zum Ziel zurück. Merken Sie sich also: Je länger der zurückgelegte Weg Ihres Beines ist, desto kraftvoller wird Ihr Fußtritt sein.

Ihr Fuß, Ihr Fußballen, Ihre Fußspitzen oder Ihr Fußspann soll dann auf dem angreifenden Körper auftreffen, z. B. am Schienbein, am Knie oder am Unterleib. Ihre oberen und seitlichen Schenkelmuskeln haben die Aufgabe, Ihr Bein zu strecken. Wenn Ihr Bein die Endstellung erreicht hat, sind diese Muskeln völlig angespannt. Ihr Körper darf vom Ziel nur so weit entfernt sein, daß Sie Ihr Bein im Moment des Auftref-

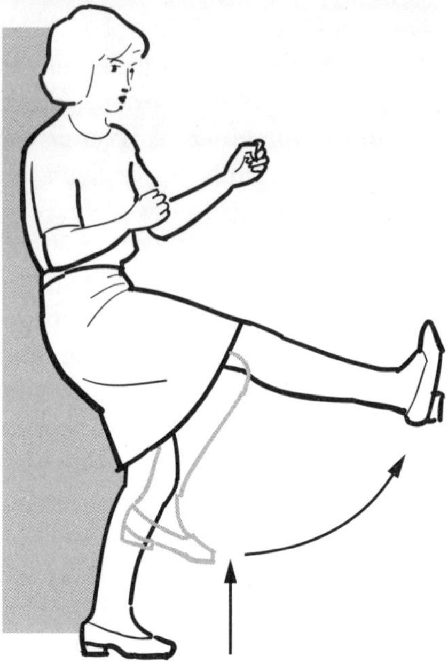

Fußtritt

fens voll ausstrecken können. Nach dem Auftreffen schnappt Ihr Unterschenkel wieder zurück und Sie setzen Ihr Schlagbein wieder in der »L-Stellung« ab. Die Auftreffwucht und damit die Schmerzhaftigkeit wird durch die Schnelligkeit und die Technik erreicht. Sobald Sie Ihren Fuß zurückgezogen haben, müssen Sie für die nächste Aktion bereit sein.

Übungshinweise:

- Halten Sie sich an einer Stuhllehne fest und führen Sie den Fußtritt wie beschrieben aus.
- Nun lassen Sie die Stuhllehne los und führen die Technik in Höhe der Sitzfläche durch.
- Nehmen Sie einen Ball zur Hilfe, den Ihr Übungspartner in Kniehöhe hält.
- Der Partner wechselt zuerst mit Ansagen die Ballposition.
- Der Partner wechselt die Ballposition ohne Ansagen.

»Schmetterstoß«

Der Schmetterstoß bietet sich als Vorbereitung zum entscheidenden Angriff an, insbesondere dann, wenn Sie von einem Angreifer von hinten umklammert oder von der Seite her angegriffen werden.

Im Gegensatz zum Fußtritt stoßen Sie Ihren Fuß aus dem **angespannten Knie** nach unten auf den **Fußrücken des Angreifers**. Sollte das nicht gelingen, so schrappen Sie auf diese Art und Weise am Schienbein des Angreifers herunter. Um die Auftreffwucht zu erhöhen, müssen Sie Ihr Gewicht auf das zustoßende Bein im Augenblick des Abwärtsstoßes verlagern.

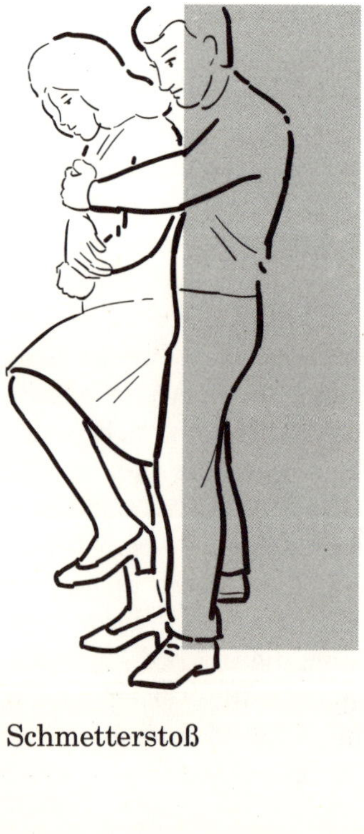

Schmetterstoß

— *»Schneidender Fußstoß«*

Sehr gut einsetzbar ist dieser Stoß dann, wenn der Angreifer seitlich von Ihnen steht. Auch hier sollen schmerzhafte Ziele das Schienbein oder der Fußrücken des Angreifers sein.

Wie beim Fußtritt bringen Sie Ihr Knie auf Spannung und stoßen im Anschluß Ihren Fuß **abwärts zur Seite** und treffen mit Ihrer **Fußaußenkante** bzw. Ihrem Schuh. Vergleichen Sie Ihren Fuß mit einer Axt, deren Schneide das Holz spaltet. Aus diesem Grunde wird diese Technik auch »Schneidender Fußstoß« genannt.

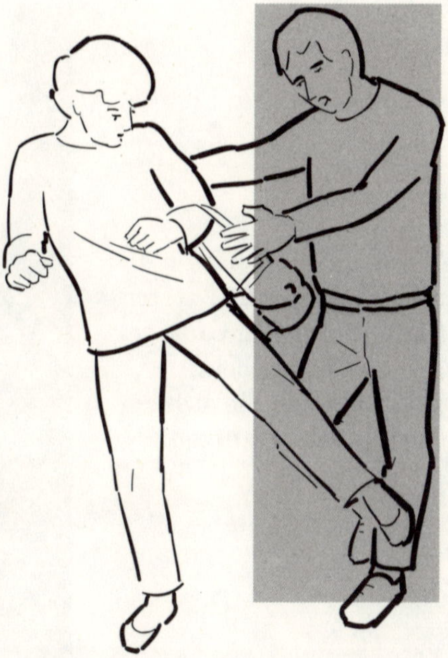

Schneidender Fußstoß

Übungshinweise für den Schmetterstoß und den Schneidenden Fußstoß

- Beine abwechselnd 7mal heben und auf den Boden stampfen.
- Nehmen Sie einen Karton oder ein großes Kissen zu Hilfe und stoßen Sie mit Ihren Füßen 7mal zielgerichtet nach unten.
- Üben Sie mit einem Partner an Ihrer Wohnungs- oder Haustür; die Technik sollten Sie dabei nur andeuten.
- Beim Treten können Sie sich auch am Türrahmen abstützen.

Die folgende Fotoserie zeigt Ihnen den Ablauf des Fußtritts.

Wenn der »Werber« zu aufdringlich wird, treten Sie mit viel Schwung gegen sein Schienbein. Dabei können Sie sich am Türrahmen abstützen.

Wirkungsvoll ist der Tritt besonders, wenn Sie mit der Fußspitze auftreffen. Dabei sollten Ihre Zehen angezogen sein, um sich selbst bei weichen Schuhen nicht zu verletzen. Sie können auch mit dem Absatz zutreten.

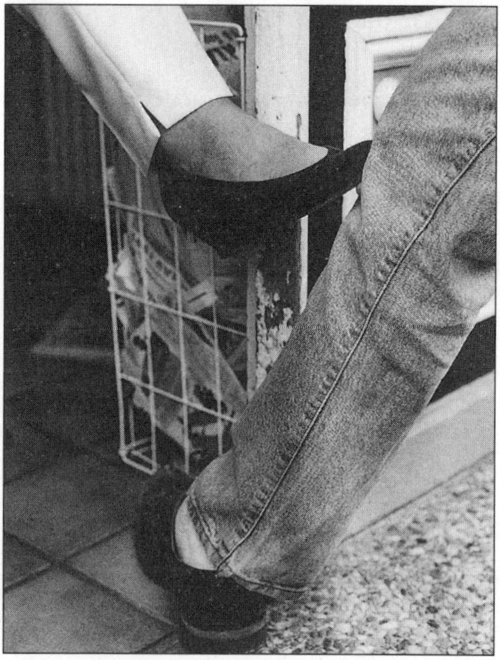

Alternativ können Sie dem Täter auch mit Schwung Ihr Knie in den Unterleib rammen.

Kurz mit dem – möglichst hinteren Bein – Schwung holen und nach vorne schnellen lassen.

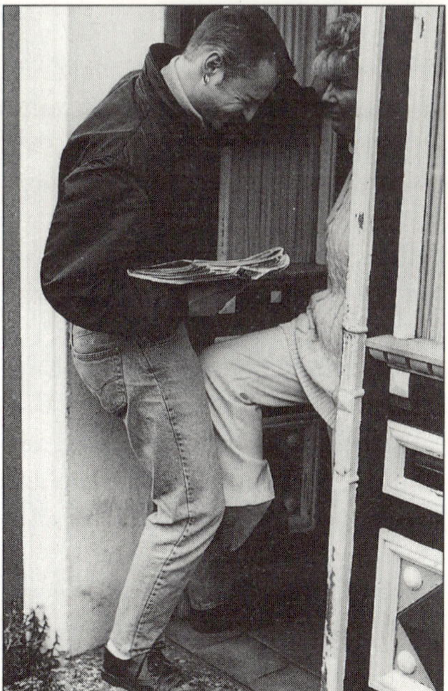

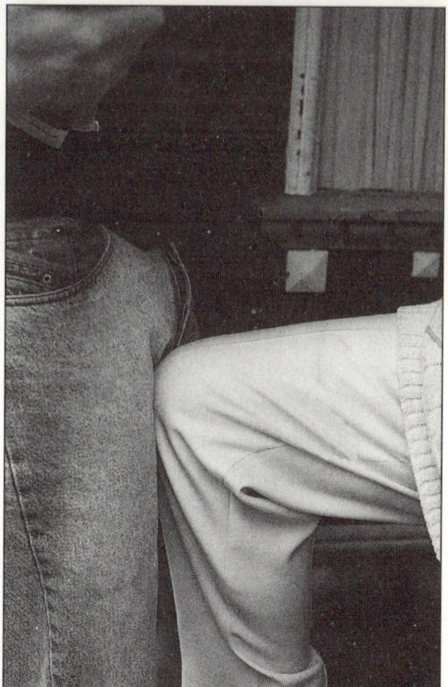

Interessenwahrung im Schadensfall

Betrug an der Haustür

Bei den sogenannten Haustürgeschäften können Sie als Käuferin Ihre Kauferklärung innerhalb einer Woche ohne die Nennung von Gründen zurückziehen. Diese Bestimmung bezieht sich u. a. auf Ratenkaufverträge, Ratenlieferungsverträge (z. B. Zeitschriftenabonnements), Verträge über Dienst- und Werkleistungen, Ehevermittlungsverträge und Handwerkerleistungen. Diese Bestimmung setzt allerdings voraus, daß Sie diesen Vertrag oder Abmachung durch eine mündliche Verhandlung an Ihrem Arbeitsplatz oder Ihrer Privatwohnung, bei einer Freizeitveranstaltung, Kaffeefahrt, getätigt haben oder auf der Straße einem Vertrag zugestimmt haben. Ausnahmen des Widerspruchrechts sind, wenn Sie selbst den Verkäufer bestellt haben, wenn nur ein Bagatellschaden bis zu 80 DM vorliegt oder wenn der Vertrag notariell bestätigt wurde.

Wenn Sie das Opfer eines **Ratenlieferungsvertrages** geworden sind, dann sollten Sie Ihre Interessen folgendermaßen wahrnehmen:

- Fordern Sie eine Kopie des Vertrages an, falls Ihnen plötzlich andere Zeitschriften zugesandt werden oder Sie sich an eine Vertragsunterzeichnung nicht erinnern können.
- Sie sollten keine Rechnung bezahlen, sondern um eine Erläuterung der Forderung bitten.
- Legen Sie unverzüglich bei Erhalt eines Mahnbescheides beim zuständigen Amtsgericht Widerspruch ein, dies ist aber nur innerhalb von 14 Tagen möglich.
- Führen Sie aus Beweisgründen den Schriftwechsel nur per Einschreiben durch (Rückschein). Fertigen Sie entweder eine Kopie oder einen Durschlag Ihrer Schriftstücke für Ihre Akten an.
- Wenn Sie alleine keinen Erfolg haben, so wenden Sie sich an die nächste Verbraucherberatungsstelle oder einen Rechtsanwalt.

Immer wieder ärgerlich ist es, wenn Ihnen unverlangt Waren von geringem Wert zugesandt werden, oder nicht? Wenn wieder einmal Postkarten oder billige Kalender in Ihrem Briefkasten sind, dann werden Sie von nun an wissen, daß für Sie keine Verpflichtung besteht, diese Waren zu bezahlen, aufzubewahren oder zurückzusenden.

Falls Sie Anschriften über anerkannte und förderungswürdige spendensammelnde Organisationen benötigen, so sollten Sie sich telefonisch oder schriftlich an die im Anhang genannten Adressen wenden.

Trickdiebstähle

Sollten Sie Opfer einer solchen Straftat geworden sein, so wird Ihnen nach folgenden gesetzlichen Bestimmungen Hilfe angeboten:

- Das Gesetz zur Verbesserung der Stellung der Verletzten im Strafverfahren (Opferschutzgesetz) vom 18. 12. 1986: Ein Merkblatt, das Sie über Ihre Rechte als Opfer einer Straftat informiert, liegt bei jeder Polizeidienststelle aus.
- Das Gesetz über die Entschädigung für das Opfer von Gewalttaten: Auf Antrag können Sie als Opfer einer Gewalttat eine Versorgung wegen der gesundheitlichen und wirtschaftlichen Folgen stellen.

Im Falle einer Straftat wird Sie entweder die Polizei oder die Staatsanwaltschaft auf die Möglichkeiten des Opferentschädigungsgesetzes hinweisen.

Tatort: xy-Überall Vergewaltigung

Eine weitestgehend emotionsfreie Forschung der letzten Jahre über die Folgen für das Opfer, aber auch Gutachten über Täter, haben eindeutig offengelegt, daß es sich bei der Vergewaltigung um ein reines Gewaltdelikt handelt. Gewalt im sexuellen Bereich ist jedoch nicht nur der erzwungene Beischlaf, sondern auch das Busengrapschen, der Griff unter den Rock, das Masturbieren des Täters vor der Frau, das Zeigen des entblößten Penis oder der erzwungene Zungenkuß. Vorrangig im Handeln des Täters ist die gewaltsame Unterdrückung der Frau, erst zweitrangig ist die Befriedigung seines Sexualtriebes. Unserer Meinung nach wird dieses Delikt zu Recht als »Mord an der Seele« bezeichnet, denn die langfristigen psychologischen Folgen für das Opfer können gravierend sein und das weitere Leben völlig verändern. Viele Opfer zeigen nach der Tat ein ähnliches Verhalten, das als »Notzucht-Syndrom« bezeichnet wird: Sie fühlen sich an der Tat mitschuldig, ekeln sich vor sich selbst, haben starke Angstzustände und Alpträume. Die Selbstachtung der Frauen ist vermindert, was sogar zu einem selbstzerstörerischen Verhalten führen kann.

Gefahrenerkennung

Nach den Zahlen der Polizeilichen Kriminalstatistik wurden 1993 in Gesamtdeutschland 6376 Frauen Opfer einer versuchten oder vollendeten Vergewaltigung. Etwa 70% der Straftaten wurden aufgeklärt.

Was das **Dunkelfeld** dieser Straftat betrifft, so gehen die Expertenmeinungen auseinander. Deutsche und amerikanische Experten vermuten, daß nur jede zehnte Vergewaltigung angezeigt wird, in Schweden hingegen schätzen die Wissenschaftler das Verhältnis sogar auf 1 : 20. Nimmt man das Verhältnis Hellfeld : Dunkelfeld von 1 : 10, so muß man für das Jahr 1993 bei 6376 registrierten Fällen von einer Dunkelziffer in der Höhe von fast 64 000 Vergewaltigungsdelikten ausgehen. Das würde bedeuten, daß in der Bundesrepublik Deutschland statistisch 175 derartige Straftaten pro Tag begangen werden.

Wissenswertes:

- In Städten über 50 000 Einwohner ist das Risiko höher, vergewaltigt zu werden als in kleineren Gemeinden bis 20 000 Einwohner.
- Vergewaltigungen finden am häufigsten im Freien (auf Wegen, Plätzen, im Grünen), in geschlossenen Räumen (also den Wohnungen von Tätern oder Opfern) und im Auto statt.
- In den Sommermonaten sind Vergewaltigungen häufiger als im Winter. Alleine in den Monaten Juli, August und September ereignen sich 40% der Taten.
- Über 40% der Vergewaltigungen finden zwischen 24 und 3 Uhr nachts statt. Erweitert man diese Zeitspanne auf den Zeitraum zwischen 18 und 3 Uhr, so finden hier 75% der Taten statt.
- Der eigentliche Tatort ist in vielen Fällen nicht identisch mit dem Ort der »Anbahnung«, also der Räumlichkeit, bei dem Täter und Opfer erstmals Kontakt miteinander aufnehmen.
- 25 bis 30% der Täter stammen aus dem sogenannten sozialen Nahraum, d. h. es handelt sich um Bekannte, Freunde, Nachbarn oder Arbeitskollegen.

Der letzte Punkt zeigt, daß es sich bei den Tätern also nicht immer um den »großen Unbekannten« handelt, der Sie aus dem Hinterhalt überfällt. Gravierend bei den »Beziehungstaten« ist, daß hier die Brutalität und die Gewalt der Täter nach außen hin weniger bekannt wird, so daß die Öffentlichkeit die Folgen dieser Taten für die betroffenen Frauen also nicht so schlimm erachtet. Das ist ein Trugschluß, denn die Erfahrung, von einem bekannten Menschen brutal vergewaltigt worden zu sein, zieht oft verheerende Folgen nach sich.

Gefahrenvermeidung

Eine Anekdote:
Im israelischen Parlament wurden Maßnahmen diskutiert, um die gestiegene Zahl von Vergewaltigungen in Tel Aviv zu reduzieren. Es wurde vorgeschlagen, daß Frauen aufgrund eines Gesetzes bei Dunkelheit nicht mehr auf die Straße gehen sollten. Auf diesen Vorschlag konterte die damalige Premierministerin Golda Meir: »Ausgehverbot und Sperrstunde für Frauen? Aber die Frauen begehen doch keine Vergewaltigungen. Wenn schon, dann muß ein Ausgehverbot für Männer angeordnet werden!«

Diese kleine Begebenheit im israelischen Parlament verdeutlicht, daß die Verhütung von Vergewaltigungen durch Ausgangssperren, egal für welches Geschlecht, nicht die Lösung des Problems sein kann. Da jedoch fast alle Präventionsprogramme von Behörden an der mangelnden Akzeptanz der Bevölkerung gescheitert sind, kann es unserer Meinung nach eine Gefahrenvermeidung nur in der Art geben, daß versucht wird, auf mögliche Gefahrensituationen aufmerksam zu machen, aus denen dann jede Frau lernen sollte, diese richtig einzuschätzen und damit zu vermeiden. Das einzige bekannte Rezept, solche Risiken zu vermeiden, liegt bei Ihnen selbst.

Wir möchten Ihnen nun einige Fakten liefern: Über 70% der Vergewaltigungen sind vom Täter geplant gewesen, die Spontanübergriffe sind also in der Minderzahl. Bei der Planung wird hauptsächlich ein geeigneter Tatort und eine günstige Gelegenheit ausgesucht, um dann entweder irgendeine oder eine – zumindest vom Sehen – bekannte Frau zu vergewaltigen. Hierzu folgende Zahlen: Etwa 80 bis 90% der Opfer wohnen in demselben Gebiet wie der Täter, und immerhin ein Viertel bis die Hälfte der Opfer hatten den Täter schon einmal gesehen. Unter dem Punkt Gefahrenerkennung haben wir schon als die häufigsten Tatorte die Straßen, die Wohnungen von Tätern und Opfern und das Auto genannt. Der erstmalige Kontakt mit dem Täter kann aber durchaus auch an einem Ort, der nicht später auch zum Tatort wird, stattfinden. Das ist sehr von der Art der Beziehung zwischen Täter und Opfer abhängig, also beispielsweise von einer bestehenden Bekanntschaft. Wir möchten Ihnen nun hieraus einige **Hinweise zur Gefahrenvermeidung** ableiten:

- Fahren Sie niemals als Anhalterin mit, schon gar nicht, wenn Sie alleine sind.
- Nehmen Sie keine männlichen Anhalter mit, auch wenn sie noch so harmlos aussehen.
- Lassen Sie sich nicht von Fremden auf der Straße in ein Gespräch einwickeln, möchte jemand eine Auskunft von Ihnen haben, dann geben Sie diese höflich und gehen dann sofort weiter.
- Gehen Sie niemals mit fremden Männern nach Hause.
- Passen Sie besonders bei Gelegenheiten auf, in denen viel Alkohol getrunken wird, beispielsweise bei Volksfesten, denn Alkohol senkt die Hemmschwelle für Gewalttaten.

- Tauschen Sie nicht mit flüchtigen Bekannten auch nur geringfügige Zärtlichkeiten aus, es könnte falsch verstanden werden.
- Lassen Sie keinen Fremden in Ihre Wohnung, auch der nette Versicherungsvertreter könnte sich als ein Vergewaltiger herausstellen (s. S. 77).

Generell gilt, daß alle in diesem Buch beschriebenen Tatortsituationen zu einem möglichen Ort der Vergewaltigung werden können. Deshalb sollten Sie auch die anderen Tatortbeschreibungen intensiv durcharbeiten.

Gefahrenbegegnung

Um der Gefahr einer Vergewaltigung begegnen zu können, ist es wichtig, sich die Opfer- und Tätertypologie zu betrachten.

Opfertypologie

Nach Paragraph 177 des Strafgesetzbuches können ausschließlich Frauen Opfer einer Vergewaltigung werden. 75% der Opfer sind zwischen 15 und 25 Jahren alt, es handelt sich also hauptsächlich um Mädchen, Jugendliche und junge Frauen. Dennoch besteht für jede Frau, egal wie alt sie ist, die Gefahr, Opfer einer Vergewaltigung zu werden. Es macht für den Täter auch keinen Unterschied, wie »schön« oder »häßlich« eine Frau ist oder wie sie sich kleidet. Sie wird allein dadurch zum Opfer, daß sie eine Frau ist und vom Täter als ein verfügbares Objekt betrachtet wird.

Tätertypologie

Statistisch gesehen handelt es sich bei diesen Gewalttätern um Männer überwiegend im Alter zwischen 18 und 35 Jahren, wobei die unter 25jährigen immerhin 50% der Täter ausmachen. Überdurchschnittlich oft stammen sie aus angespannten sozialen Verhältnissen und bei 75% ist Alkohol bei der Tat mit im Spiel. Etwa 55% der Männer sind vorbestraft, und zwar zu 20% in dem gleichen Delikt, so daß man hier von Wiederholungstätern sprechen kann. Etwa 50% haben nach der Tat Gewissensbisse und Schuldgefühle, jeder siebte Vergewaltiger kommt nochmal an den Tatort zurück. Generell kann man vier Tätertypen einteilen: den »Aggressiven Sexualtäter«, den »Triebtäter«, die »Gruppentäter« und den »Opportunisten«. Am häufigsten handelt es sich um den

»**Aggressiven Sexualtäter**«, der sein Opfer erniedrigt, entmachtet und schlimmstenfalls eine Frau mit brutaler Gewalt zerstört. Für den Vergewaltiger ist der Geschlechtsverkehr sekundär, sie wollen Gewalt und Macht ausüben. Der aggressive Typ löst durch seine Tat vordergründig seine eigenen akuten Konfliktsituationen. Bei dem allgemein als »**Triebtäter**« bezeichneten Vergewaltiger stammt das Tatmotiv aus der eigenen Unfähigkeit, auf »normalem« Wege zu einer sexuellen Erfüllung zu gelangen. Bei den »**Gruppentätern**« liegt oft ein Feindbild Frau mit gleichzeitig überzogenem Männlichkeitswahn vor. Werden gruppendynamische Prozesse auch noch durch Alkohol angeheizt, dann können freiwerdende Aggressionen die Tat ins Uferlose treiben. Der Tätertyp des »**Opportunisten**« legt Ihr freundliches Lächeln, Ihre nette Geste oder eine harmlose Unterhaltung mit Ihnen falsch aus, er wertet all dies als eine Bereitschaft Ihrerseits zum Geschlechtsverkehr. Er sieht Sie durch seine »Wunschbrille« und dieses Ergebnis hat nichts mit der Realität zu tun, es handelt sich sozusagen um ein schwerwiegendes Mißverständnis. Sobald der Täter das bemerkt, wird er ärgerlich und droht mit Ihrer Vergewaltigung.

Das Verhalten gegenüber Tätern läßt sich nicht auf eine einzige Strategie festlegen, da alle Täter sehr unterschiedlich sind und aus verschiedenen Motiven heraus handeln. Der bewußte Einsatz der **Anti-Opfer-Signale** ist wichtig, sagen Sie mit Ihrer gesamten Mimik und Gestik *»Nein«*. Versuchen Sie, mit dem Mann ins Gespräch zu kommen und dabei, je nachdem, wie Sie den Täter aufgrund Ihrer Lebenserfahrung einschätzen, an seine Menschlichkeit, seine Vernunft oder an die möglichen Folgen für Sie und ihn zu appellieren. Sprechen Sie ihn auf seine Ehefrau oder Mutter an und fragen Sie, ob er möchte, daß ihr so etwas passiert wie Ihnen. Wenn Sie merken, daß das Gespräch zu nichts führt, etwa bei einem krankhaften Triebtäter oder bei alkoholisierten Gruppentätern, dann bündeln Sie Ihre gesamte Energie darauf, eine Fluchtmöglichkeit aus der Situation zu finden und Ihre Strategie der Gefahrenüberwindung vorzubereiten.

Gefahrenüberwindung

Für den Wissenschaftler ALBERTO GODENZI, der eine Vielzahl versuchter und vollendeter Vergewaltigungen untersucht hat, ist klar, wie eine Frau auf einen Angriff reagieren soll: *»Wenn sich Frauen mittels Flucht, lautstarkem Rufen und körperlichem Widerstand gegen die Ab-*

sichten eines Mannes wehren, steigt die Wahrscheinlichkeit einer erfolgreichen Abwehr, ohne daß sie zwangsweise größeren körperlichen Verletzungen ausgesetzt ist.« Viele Untersuchungsergebnisse weisen darauf hin, daß in etwa 75% der Fälle eine aktive Gegenwehr dazu führte, daß die Vergewaltigung nicht aus- oder fortgeführt werden konnte. Nicht nur durch Abwehrstrategien wie z. B. die sofortige unmißverständliche Zurückweisung auch kleinster Übergriffe kann der sexuellen Gewalt Einhalt geboten werden, sondern die absolute Priorität muß der gesellschaftlichen Gleichstellung von Männern und Frauen eingeräumt werden. Nur, wenn Frauen tatsächlich gleichberechtigt am sozialen Leben teilhaben können und wenn Männer ernsthaft ihre zum Teil sehr zweifelhaften Privilegien aufgeben, besteht die Chance, daß diese sexuelle Gewaltkultur aufgelöst wird.

Bevor wir nun zu den einzelnen Abwehrtechniken kommen, wollen wir Ihnen noch einige **Verhaltensregeln** in Erinnerung rufen:

- Sie sollten immer erst dann reagieren, wenn Sie mindestens zwei brauchbare Alternativen durchdacht haben und Sie Ihrer Meinung nach zumindest eine davon realisieren können.
- In einem inneren Monolog sollten Sie genau Ihre Zielsetzung, Ihren Weg, Ihre Flucht und Ihre Maßnahmen der Gefahrenüberwindung durchgedacht haben.
- Üben Sie eine positive Selbstinstruktion *»Ich schaffe das.«*
- Vertrauen Sie auf keinen Fall der Spekulation *»Es wird schon nicht so schlimm sein«* oder dem Zufallsfaktor *»Es wird schon Hilfe kommen«*.

Ihr Entschluß zu kämpfen, orientiert sich weder an der Moral noch an Humanität, sondern ausschließlich daran, daß Sie aus der Gefahrensituation gesund herauskommen. Betroffenheit und Empörung über das Verbrechen, mit dem Sie konfrontiert werden, helfen Ihnen nicht. Sie müssen die Chance, sich Ihr Leben oder Ihre körperliche Unversehrtheit zu erhalten, ohne Hemmungen oder Kompromisse nutzen. Der richtige Zeitpunkt für Ihre Maßnahmen der Gefahrenüberwindung ist dann gekommen, wenn Sie alle Zusammenhänge verstanden haben und Sie keine Gedanken, keine Zweifel oder Angst mehr davon abhalten können.

Merke: Machen Sie sich einen Abwehrplan und überlassen Sie Ihre Gefahrenüberwindung nicht allein dem Zufall.

Sollte sich schicksalhaft ein glücklicher Zufall ergeben, dann nutzen Sie diesen auch für sich aus, aber hoffen Sie lieber nicht darauf! Wir zeigen Ihnen im folgenden Text alternativ zwei äußerst wirkungsvolle Abwehrmöglichkeiten auf, die Sie in jeder Position (Stehen, Liegen oder Sitzen) durchführen können!

Die Augenpresse

Diese Abwehr ist besonders geeignet gegen Angriffe, bei denen Sie beengt werden, z. B. wenn Sie im Bett oder im Liegestuhl liegen oder auch als Verteidigung im Rollstuhl. Sie benötigen – wie bei den anderen Techniken auch – keine besondere Kraft oder Geschicklichkeit. Vorteilhaft ist auch, daß Sie zunächst so tun können, als gäben Sie den Nötigungen nach und erst bei einer günstigen Situation drücken Sie zu.

Die Ausführung

Umfassen Sie mit beiden Händen den Kopf des Täters in Höhe der Schläfen. Die jeweiligen vier Finger zeigen dabei nach außen, die Daumen nach innen zum Gesicht. Ist die Situation günstig, drücken Sie Ihre Daumen direkt gegen die Augen. Am wirkungsvollsten ist die Augenpresse, wenn Sie Ihre Daumen waagerecht halten, so daß sie ganz in die Augenhöhlen passen. Bei Brillenträgern führen Sie einfach die Daumen unter die Brille. Selbst bei einem kurzen Drücken kann der Täter einen Moment nichts sehen. Bei längerem Drücken können Sie ihn in seiner Sehfähigkeit schwer beeinträchtigen. Ein »Eindrücken« der Augen ist jedoch kaum möglich. Nach einer solchen Abwehr ist es ratsam, sofort die Fluchtchance zu nutzen.

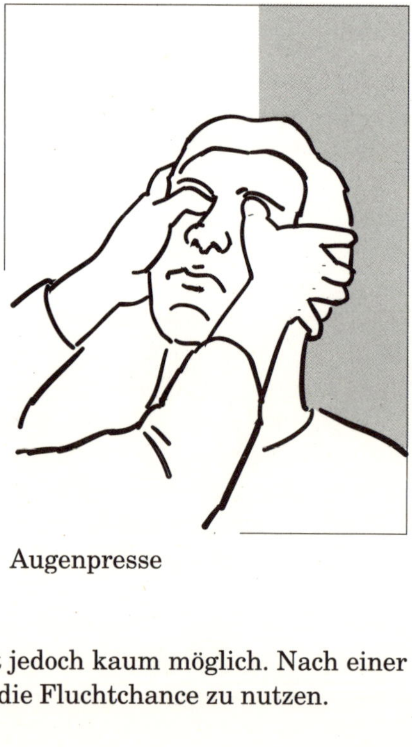

Augenpresse

Übungshinweise

- Stärken Sie Ihre Daumen, indem Sie einen Luftballon erfassen und mit den Daumen draufdrücken.
- Bei mehr Übung können Sie auch einen Gymnastikball nehmen.

Wichtig ist, daß Sie diese Abwehr auch innerlich »verkraften«. Daher sollten Sie sich eine Situation vorstellen, in der Sie oder andere in Lebensgefahr sind und Ihnen nicht mehr viel Zeit bleibt. Nach einem solchen gedanklichen Ablauf üben Sie auch mit einem Partner diese Verteidigung.

Der Kehlkopfschlag

Der leichteste Schlag gegen den Kehlkopf oder Adamsapfel kann tödlich enden. Dabei benötigen Sie keine langen technischen Anleitungen sondern nur das Wissen, daß Sie ohne viel Kraftaufwand einen lebensgefährlichen Angriff abwehren können.

Am Rollstuhl gefesselt, im Bahnabteil, im Auto, beim Sonnenbaden oder im Bett können Sie sich mit dieser Abwehr aus einer gefährlichen Tatortsituation befreien. Durch den Schlag auf den Adamsapfel wird dieser eingedrückt. Danach ist meist eine sofortige Operation nötig.

Wir möchten hier nochmal auf die Verhältnismäßigkeit von Angriff und Abwehr hinweisen. Ein Kehlkopfschlag sollte wegen seiner Gefährlichkeit nur bei lebensbedrohlichen Situationen eingesetzt werden.

Wenn Sie aus einer wirklich lebensbedrohlichen Situation heraus einen Angreifer durch einen Kehlkopfschlag schwer verletzen, so ist dieses Vergehen durch den Notwehrparagraphen abgedeckt (s. S. 18).

Die Ausführung
Halten Sie Ihre Hände hoch und rollen Sie die Finger ein zu einer Faust. Die Daumen legen Sie seitlich. Das fällt den meisten schwer, da sie am liebsten den Daumen abspreizen. Beim nicht genauen Zuschlagen (wegen der Aufregung oder weil der Täter seine Haltung verändert) könnte der Daumen stark verletzt werden. Mit der fest geschlossenen Faust schlagen Sie auf direktem Weg (gradlinig) nach vorn.

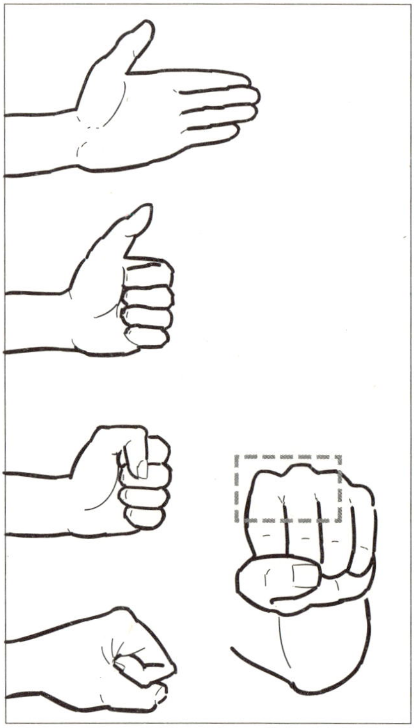

Daumen einrollen und Auftrefffläche

Auftreffflächen sind die Knöchel des Zeige- und Ringfingers. Durch das Zuschlagen mit harten Knochen besteht für Sie selbst eine geringere Verletzungsgefahr und der Täter erfährt einen harten Schlag. Je schwungvoller Sie zuschlagen, desto wirkungsvoller der Schlag. Beim Angriff schlagen Sie entweder auf die Nase oder bei lebensgefährlichen Situationen auf den Kehlkopf.

Die **Nase** eignet sich gut, da selbst stark alkoholisierte Täter, die sonst relativ schmerzunempfindlich sind, sofort einen starken Schmerz verspüren (»Trinkernasen« besonders). Die Nase blutet schnell und der Gewalttäter stellt auf einmal seine eigene Verwundbarkeit fest. Da die Nase durch Knorpel recht weich ist, besteht bei einem Schlag eine geringere Verletzungsgefahr für Sie selbst. So kann der Schlag auf die Kinnspitze auch zu einem Bruch der Faust führen, wenn sie nicht richtig geführt wurde.

Beim **Kehlkopf** müssen Sie nur wenig Schwung holen, um eine Wirkung zu erzielen. Achtung: Lebensgefahr für den Täter!

Sehen Sie sich die folgende Fotoserie an!

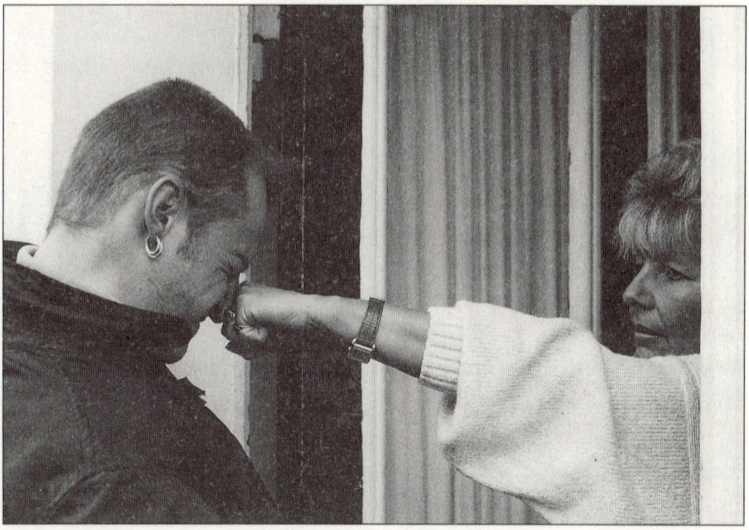

Bei bedrohlichen Situationen schlagen Sie mit geballter Faust gegen die Nase des Angreifers. Die Nase ist auch bei betrunkenen Tätern besonders empfindlich. Außerdem blutet der Getroffene leicht, was ihn schnell zur Aufgabe zwingt.

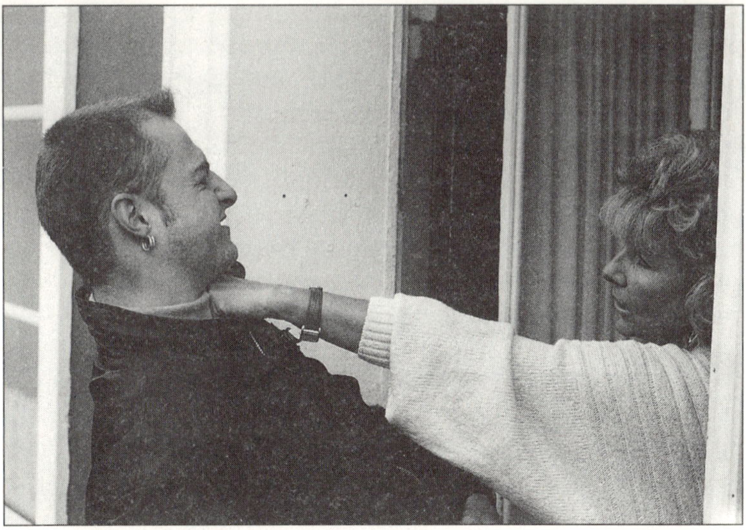

Bei lebensbedrohenden Angriffen können Sie auch mit der Faust gegen den Kehlkopf schlagen. Schon der leichteste Schlag kann lebensgefährlich sein, wenn der Kehlkopf eingedrückt ist.

Übungshinweise

- Boxen Sie mit angelegtem Daumen gegen einen weichen Ball, den Sie in einem Netz aufgehängt haben.
- Ihre Partnerin hält ihre flache Hand in Kopfhöhe und Sie schlagen dagegen.

Interessenwahrung im Schadensfall

Sind Sie Opfer einer Vergewaltigung geworden, so sollten Sie so schnell wie möglich zu einer Ärztin oder einem Arzt Ihres Vertrauens gehen. Selbst wenn es Ihnen unangenehm ist, sollten Sie sich vor dem **Arztbesuch** nicht waschen und nicht die Kleidung wechseln, da z. B. Sperma, Haare und Speichel zur Identifizierung des Täters beitragen. Der Arzt wird Ihnen Ihren Befund schriftlich bestätigen. Wenn Sie sich entschlossen haben, eine **Strafanzeige** zu erstatten, dann sollten Sie eine Rechtsanwältin oder einen Rechtsanwalt zu Rate ziehen. In vielen Städten gibt es einen **Frauen-Notruf,** wo man Ihnen bei der Auswahl eines kompetenten Rechtsbeistandes helfen kann. Dieser kann für Sie bei der Polizei oder Staatsanwaltschaft Anzeige erstatten, er wird Sie beraten und vor Gericht vertreten. Können Sie die Kosten nicht selbst tragen, so können Sie Beratungs- und Prozeßkostenbeihilfe beantragen.

Die Polizei ist verpflichtet, Ihrer Anzeige nachzugehen. Bei der Anzeigenerstattung reicht es oftmals aus, daß Sie zunächst nur kurz den Sachverhalt und die Tatsachen angeben, die zur Fahndung nach dem Täter notwendig sind. Später wird dann eine zeugenschaftliche Vernehmung durchgeführt, in der Sie dann genauer über den Tathergang und die Vorgeschichte aussagen müssen. Grundsätzlich wird Ihnen gestattet, daß Sie eine Ihnen vertraute Person zur Vernehmung mitbringen können, auch Ihr Rechtsbeistand darf dabeisein. Wenn Sie wollen, dann können Sie auch von einer Beamtin vernommen werden.

Bei der **Gerichtsverhandlung** ist damit zu rechnen, daß Sie als Zeugin den gesamten Tathergang abermals schildern müssen, ausführlich zu Ihrer Person befragt werden und daß Sie dem Täter im Gerichtssaal wiederbegegnen. Sie sollten durch Ihren Rechtsbeistand beantragen lassen, daß Sie als Nebenklägerin zugelassen werden, denn dann haben Sie mehr Rechte (s. S. 169):

Wenn Sie auf die Nebenklage verzichten, werden Sie vor Gericht nur vernommen.

Leider ist es so, daß nicht nur Männer, sondern auch Frauen wenig solidarisch handeln und wenig Verständnis für die Opfer zeigen, wenn sie die Tat nicht sofort bei der Polizei melden. Es gibt viele glaubwürdige Gründe für diese Verzögerung: Schockreaktionen, das Gefühl der Erniedrigung, Scham, Desorientierungen, Drohungen des Täters, Schuldgefühle, die pure Angst.

Ein anderer Grund kann in einem unangebrachten »Dankbarkeitsgefühl« liegen: Manche Vergewaltigungsopfer empfinden Dankbarkeit oder Verständnis für ihren Täter, denn er hat ihnen ihren größten Wunsch erfüllt: Er hat sie am Leben gelassen! Aus diesem Grunde erstattet das Opfer gar keine Anzeige oder erst dann, wenn nach einiger Zeit die »Dankbarkeit« der Wut und der Verzweiflung gewichen ist.

Tatort: Radweg
Fahrraddiebstahl und Überfall auf dem Radweg

Gefahrenerkennung

Das Fahrrad erlebt zur Zeit durch ein neues Umweltbewußtsein und durch die »Gesundheits-Welle« eine Wiedergeburt. Radfahren trimmt Herz und Kreislauf, kräftigt die Beine und schont dabei die Gelenke. Es läßt sich gut in den Alltag einplanen, so daß auch sehr viele ältere Menschen wieder auf das Rad steigen, was sehr begrüßenswert ist.

Eine Umfrage der Deutschen Verkehrswacht im Jahr 1993 bei über 65jährigen Radfans hat ergeben, daß sieben von zehn Fahrradfahrern länger als zwanzig Jahre nicht mehr auf dem Rad gesessen haben, ehe sie es wiederentdeckten. Viele ältere Menschen unterschätzen die Risiken, denen sie nach langjähriger Pause ausgesetzt sind. Die Gefahr im stark gestiegenen Straßenverkehr wird unterschätzt ebenso wie das eigene Fahrvermögen: die Seh- und Hörkraft lassen nach, die Beweglichkeit wird mit dem Alter geringer, die Reaktionsfähigkeit nimmt ab. Diese Faktoren gefährden ältere Menschen nicht nur bei der Teilnahme am Straßenverkehr, sondern auch in ihrer Sicherheit vor Straftätern, denn gerade ältere Radler können leicht Opfer eines Raubüberfalls auf Straßen, Plätzen und Wegen werden.

Diese Straftat registrierte die Polizei 1993 bundesweit 25 865-mal, etwa die Hälfte der Fälle in Städten mit mehr als 500 000 Einwohnern. Kleinere Städte und Gemeinden bis 20 000 Einwohner sind nur wenig betroffen. Die Aufklärungsquote liegt bei nur 35%.

Bei den registrierten Opfern liegen die Männer mit 84% bei den vollendeten und mit 78% bei den versuchten Delikten eindeutig stärker im Visier der Täter als Frauen. Bei den vollendeten Raubtaten waren etwa 7% der Opfer älter als 60 Jahre, bei den Versuchen waren es 9%.

Aber nicht nur das mögliche Geld oder Schecks der Radfahrer sind für die Täter interessant, sondern der »Drahtesel« selbst wird bei Ganoven immer beliebter. Im Jahre 1993 wurden bundesweit über eine halbe Million Fahrräder entwendet, d. h. man könnte die Städte Göttingen und Stuttgart, die 600 km auseinanderliegen, mit einer Kette dieser Diebesbeute verbinden. Im folgenden wollen wir Ihnen zeigen, wie Sie Ihr Fahrrad gegen »Langfinger« schützen können.

Gefahrenvermeidung

Wie man das richtige Fahrrad kauft

Für Ihre Sicherheit ist es wichtig, daß Sie das Fahrrad beherrschen. Oft wird ein Fahrrad unter falschen Voraussetzungen gekauft, mal ist es schön, mal besonders praktisch oder sportlich. Der wichtigste Grundsatz besteht jedoch darin: »Das Rad muß dem Menschen angepaßt werden und nicht umgekehrt.« Bei dem Erwerb Ihres Fahrrads sollten Sie die Rahmenhöhe und die Rahmenlänge beachten. Lassen Sie sich in einem guten Fachgeschäft beraten. Das mag Sie zwar zunächst etwas teurer kommen als ein auf die Schnelle gekauftes Fahrrad im Supermarkt, langfristig wird es sich aber durch Ihre höhere Sicherheit auszahlen. Bitte sehen Sie sich dazu die Abbildung auf der folgenden Seite an.

A Beinlänge	Rahmenhöhe	B+C Rumpf- + Armlänge	Rahmenlänge
80	51,0	100	53,0
81	51,7	101	53,4
82	52,4	102	53,8
83	53,1	103	54,1
84	53,7	104	54,4
85	54,3	105	54,7
86	54,9	106	55,0
87	55,5	107	55,3
88	56,1	108	55,6
89	56,7	109	55,9
90	57,5	110	56,2
91	57,9	111	56,5
92	58,5	112	56,8
93	59,0	113	57,1
94	59,5	114	57,3
95	60,0	115	57,5
96	60,5	116	58,0
97	60,9	117	58,3
98	61,3	118	58,6
99	61,7	119	58,8
100	62,1	120	59,0
		121	59,2
		122	59,4
		123	59,6
		124	59,8
alle Maße in cm		125	60,0

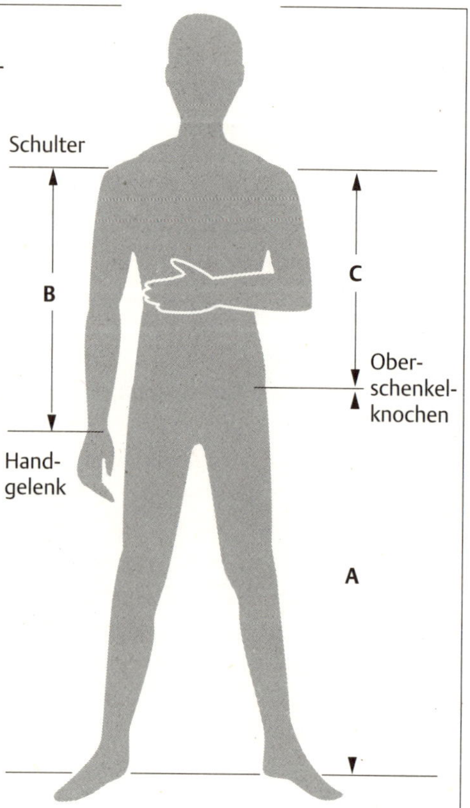

Rahmenhöhe
Ohne Schuhe wird die Beinlänge gemessen, vom Boden bis zum deutlich fühlbaren Ende des Oberschenkelknochens. Nach diesem Maß (A) ist aus der Tabelle die Rahmenhöhe zu entnehmen.

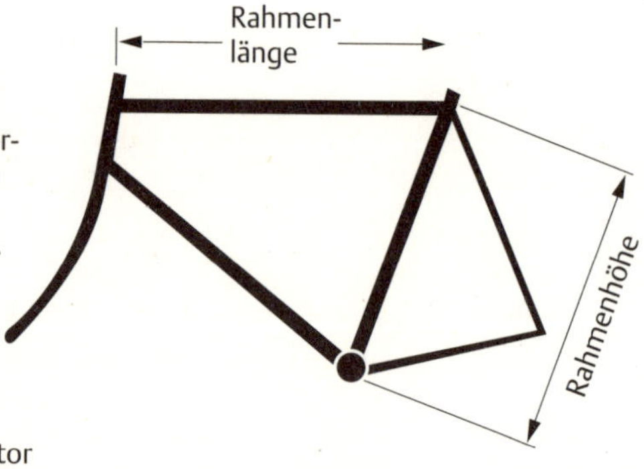

Rahmenlänge
Die Summe der Abmessungen: Handgelenk/Schulzerhöhe (B) plus Oberschenkelknochen/Schulterhöhe (C), ergibt den Faktor zum Ermitteln der Rahmenlänge.

Technische Sicherungen für Ihr Fahrrad

Wir raten Ihnen grundsätzlich zu einem Stahlbügelschloß, einem Stahlkabel mit Schloß oder einer Stahlkette mit Schloß. Diese technischen Sicherungen dienen als Verbindung Ihres Fahrradrahmens mit einem feststehenden Gegenstand, z. B. einem Baum oder einem Pfosten. Auf dem Markt befinden sich außerordentlich viele Produkte, die sich sowohl im Preis wie der Qualität stark unterscheiden. Bevor Sie sich für eine technische Sicherung entscheiden, sollten Sie sich an die Verbraucherberatungsstelle oder an die Stiftung Warentest wenden.

Um Langfingern das Handwerk zu erschweren, sollten Sie die folgenden **Verhaltenstips** beachten:

- Tragen Sie die Rahmennummer und weitere Daten (Lackierung, Aufkleber, Zubehör) in einen **Fahrradpaß** ein, den Sie kostenlos bei der Polizei erhalten.
- Bewahren Sie diesen Fahrradpaß zusammen mit der Rechnung Ihres Fahrradgeschäftes sorgfältig auf. Das erleichtert nach einem Diebstahl die Schadensregulierung mit der Versicherung, die Fahndung und die Zuordnung nach Wiederauffinden.
- Lassen Sie nachträglich eine Rahmennummer einschlagen, wenn Ihr Fahrrad noch keine hat.
- Schließen Sie Ihr Fahrrad zusätzlich zum Speichenschloß mit einem Stahlbügelschloß oder einer Stahlkette an einem feststehenden Gegenstand an, damit es auch nicht weggetragen werden kann.
- Schließen Sie Ihr Fahrrad auch bei kürzester Abwesenheit an, denn Diebstahl ist Sekundensache.
- Nehmen Sie vorhandenes Werkzeug beim Abstellen des Rades mit, denn das macht es insbesondere Gelegenheitstätern leicht, unzureichende Sicherungen (z. B. Speichenschloß) aufzubrechen oder Fahrradteile abzumontieren.
- Lassen Sie sich beim Kauf eines Fahrrades, besonders bei »besonders günstigen Gelegenheiten«, stets eine Quittung ausstellen, aus der Name und Adresse des Verkäufers hervorgehen. Vergleichen Sie diese Daten anhand des Personalausweises, denn nur Diebe und Hehler haben etwas zu verbergen.

- In den Hausratversicherungen, die nach 1984 abgeschlossen wurden, ist Ihr Fahrrad zwar gegen Diebstahl aus geschlossenen Räumen versichert, unterwegs ist es aber nicht geschützt. Einen Rundumschutz bietet deshalb nur eine **Zusatzversicherung**.

Mit dem Fahrrad unterwegs – so schützen Sie sich selbst

Auch wenn Sie mit Ihrem »Drahtesel« unterwegs sind, sollten Sie bemüht sein, durch »**Anti-Opfer-Signale**« Selbstvertrauen und Zielstrebigkeit auszustrahlen. Also: Kopf hoch, Augen nach vorn, Schultern erhoben und gleichmäßig weiterradeln.

Eine längere Radtour sollten Sie sorgfältig planen und Sie einer Person Ihres Vertrauens mitteilen. Bei Alleinfahrten sollten Sie auf Abkürzungen über einsame Wege oder Straßen, Fahrten durch Unterführungen und abseits gelegene Parks bei Dunkelheit verzichten. Wählen Sie schon bei Ihrer Planung eine sichere Route aus. Beobachten und registrieren Sie auch Veränderungen in der Gegend. Manche Parkanlagen, Waldstücke, Wohngebiete sind im Laufe der Zeit gefahrenträchtiger geworden.

Alleine fahren macht Spaß, doch noch mehr Spaß und Sicherheit haben Sie, wenn Sie mit einer Gruppe radeln. Halten Sie sich möglichst immer an die Verkehrsregeln, und wenn Sie einen ausgeschilderten Radweg benutzen, so sollten Sie möglichst in der Mitte fahren, damit Sie Ausweichmöglichkeiten haben.

Tragen Sie möglichst bunte, grellfarbene Oberbekleidung, denn so werden Sie von anderen Verkehrsteilnehmern frühzeitig gesehen. Ihre Schuhsohlen sollten etwas Profil haben, damit Sie guten Halt auf den Pedalen finden.

Wer lange vom Radfahren pausiert hat, sollte zunächst auf wenig befahrenen Straßen etwas üben. Denn nach einer längeren Pause könnte Ihnen das Spur-Halten schwer fallen. Bei Seh- oder Hörschwierigkeiten sollten Sie sich um Abhilfe bemühen. Beim Radfahren sind Kontaktlinsen den Brillen vorzuziehen, da sie nicht beschlagen können.

Auch beim Radfahren sollten Sie auf den Genuß von Alkohol verzichten, nicht nur dem Gesetz zuliebe, sondern vor allem wegen Ihrer eigenen Sicherheit. Überprüfen Sie vor Antritt der Fahrt Ihr Fahrrad, ob es sich in einem Top-Zustand befindet, damit Sie nicht von einer vermeidbaren Panne in unwirtlicher Gegend überrascht werden. Legen Sie niemals Ihre Handtasche oder wertvoll aussehende Gegenstände sichtbar in Ihren Fahrradkorb, denn ein Dieb könnte fette Beute wittern. Haben Sie das Gefühl, verfolgt zu werden, so steuern Sie umgehend einen Ort an, an dem Sie Hilfe erwarten können, z. B. eine Gaststätte, eine Tankstelle oder eine Polizeiwache. Fahren Sie in solch einem Fall nie direkt nach Hause, denn Sie könnten einem Straftäter den Weg weisen. Nach Ihrer Fahrt sollten Sie Ihr Fahrrad nur gesichert abstellen.

Gefahrenbegegnung

Auch wenn Sie als Fahrradfahrer plötzlich angegriffen werden, gilt es, Ihre vagotone Schockphase zu verkürzen. Zusätzlich haben Sie das Überraschungsmoment zu überwinden, damit Sie situationsgerecht reagieren können. Achten Sie auf Ihre **innere Stimme,** die Ihnen plötzlich sagt, daß irgendetwas in Ihrer Umgebung »nicht stimmt«, auch wenn Sie dieses ungute Gefühl noch nicht konkretisieren können. Bemerken Sie eine tatsächliche Gefahr, z. B. einen Mann, der Sie verfolgt, so nützt Ihnen schnelleres Fahren, wegschauen oder singen nur wenig, da der Täter darin die Unsicherheit des Opfers erkennt.

Wenn Sie von einem potentiellen Täter gestoppt werden, so sollten Sie immer so von Ihrem Rad steigen, daß es sich zwischen Ihnen und dem »Anhalter« befindet. Sie benutzen Ihr Fahrrad sozusagen als **Schutzschild**, den Sie dem Angreifer entgegenwerfen können.

Falls Sie als Radfahrer mit einer Gefahrensituation konfrontiert werden, sollten Sie

- versuchen, sich in einem inneren Monolog selbst **positiv zu instruieren**,
- erst überlegen, dann kommunizieren und letztendlich konsequent handeln,

- bedenken, daß Alkohol die Hemmschwelle bei Tätern herabsetzt,
- mit einer erhöhten Aggressionsbereitschaft bei jüngeren Männern rechnen,
- eine große Geduld mit angetrunkenen Personen haben,
- kein falsches Heldentum an den Tag legen,
- sachlich bleiben, bedacht handeln.

Gefahrenüberwindung

Folgende Fotoserie zeigt Ihnen, wie Sie aus einer gefährlichen Situation herauskommen können.

Versucht der Täter, Sie mit Ihrem Rad abzufangen, so fahren Sie möglichst direkt auf ihn zu, falls ein weitläufiges Umfahren oder Zurückfahren nicht mehr rechtzeitig möglich ist. Fahren Sie so, daß Sie zu der vom Täter abgewandten Seite absteigen können. Das Rad setzen Sie als Schutzschild zwischen sich und dem Täter ein.

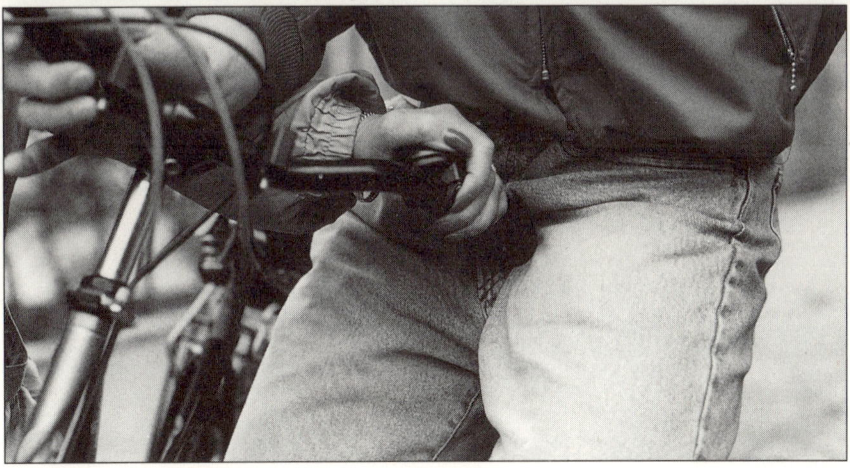

Ihre Hände bleiben am Lenker, bzw. eine Hand greift zum Sattel. Ziehen Sie Ihr Rad heran. Der Angreifer versucht fast immer zurückzuziehen. Nutzen Sie dieses und stoßen Sie mit voller Wucht den Griff (bei gebogenen Lenkern die Bremse oder Klingel) gegen seinen oder ihren Unterleib. Lassen Sie das Rad auf dem Täter liegen und laufen Sie an einen sicheren Ort.

Übungshinweise

- Spielen Sie die dargestellten Situationen gedanklich öfter durch und denken Sie daran: Sie bleiben die Siegerin!
- Üben Sie das sichere, rasche Absteigen vom Rad; die Beherrschung dieses Bewegungsvorganges verleiht Ihnen auch mehr Selbstbewußtsein.
- Inszenieren Sie eine kleine Partnerübung: Ihr Partner steckt sich ein dickes Kissen unter die Jacke und dann üben Sie den auf den Fotos dargestellten Bewegungsablauf. Durch Üben bekommen Sie das richtige Timing!

Interessenwahrung im Schadensfall

Sollte Ihr Fahrrad entwendet worden sein, egal ob gesichert oder ungesichert, sollten Sie unverzüglich den Diebstahl bei der Polizei zur Anzeige bringen. Ihr ausgefüllter Fahrradpaß wird Ihnen sehr von Nutzen sein. Fragen Sie im Diebstahlsfall auch ruhig einmal bei Ihrem zuständigen Fundbüro nach, denn vielleicht wurde Ihr Fahrrad schon gefunden und ordnungsgemäß abgegeben. Sollten Sie Opfer eines Raubüberfalls geworden sein, dann wenden Sie sich bitte sofort an die Polizei.

Tatort: Supermarkt
Handtaschenraub und Taschendiebstahl

Gefahrenerkennung

Im Jahr 1993 wurden in der Polizeilichen Kriminalstatistik im gesamten Bundesgebiet 7916 Handtaschenraube und 100 989 Taschendiebstähle (= Trickdiebstahl aus am Körper getragenen Taschen) registriert. Die überwiegende Mehrzahl beider Delikte spielte sich in Großstädten mit mehr als 500 000 Einwohnern ab. In Kleinstädten und Gemeinden bis 20 000 Einwohner kommt diese Art der Kriminalität wesentlich seltener vor. Die Täter sind in beiden Varianten überwiegend Männer.

Der Handtaschenraub scheint das Delikt der jungen Leute zu sein: Etwa 55% der Täter sind jünger als 21 Jahre alt. Bei den Taschendiebstählen sind immerhin nur ca. 37% unter 21 Jahren, denn hier scheint eine besondere Übung und Fingerfertigkeit notwendig zu sein. Während Frauen als Tatverdächtige beim Handtaschenraub »nur« zu 8% ermittelt wurden, liegt der Anteil beim Taschendiebstahl bei 23%!

Die Statistik zeigt deutlich, daß vor allem ältere Frauen Opfer dieser Straftat werden. Bei den vollendeten Delikten sind 57% älter als 60 Jahre, bei den versuchten Taten waren es 53%, wie die Graphik auf der nächsten Seite zeigt. Angst machen älteren Menschen auch die herumlungernden Gruppen, denen sie auf ihrem Einkaufsweg begegnen können. Natürlich handelt es sich hier nicht automatisch um Kriminelle, doch die Unterscheidung fällt oft schwer. Kriminelle Gruppen sind meistens lose strukturiert, die ebenso zufällig wie ihre Sammelpunkte auch die Größe und die Zusammensetzung ihrer Bande verändern. Viele von ihnen sind kaum älter als 14 Jahre. Den Tätern scheint es inzwischen mehr um die Lust an der Gewalt als um ein Feindbild zu gehen. Die Opfer werden beliebig genommen, entscheidendes Auswahlkriterium: Die Wehrlosigkeit des Opfers! Die Täter überfallen oft einzelne, hilflose Personen, bei denen sie von vornherein wissen, daß sie Sieger bleiben werden.

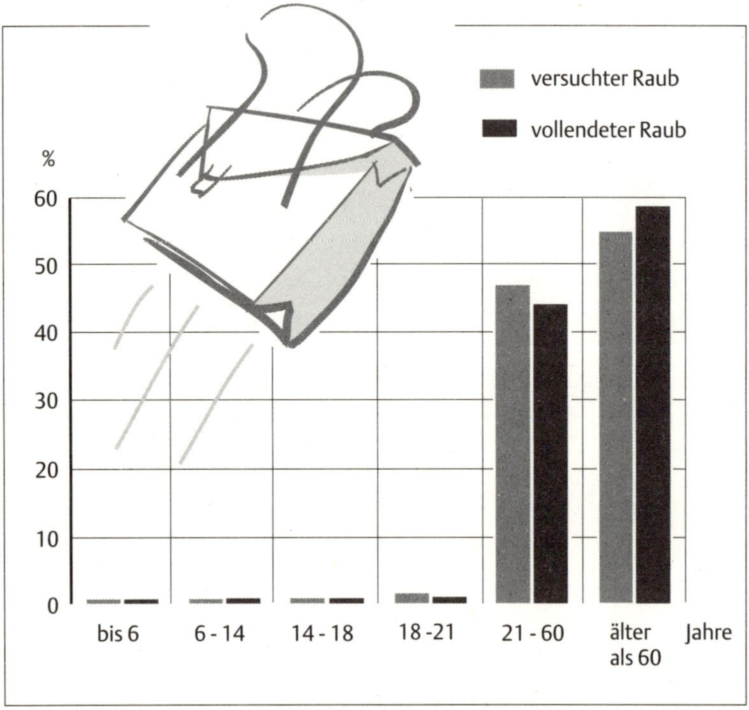

Altersstruktur der Opfer des Handtaschenraubes

Gefahrenvermeidung

Hier einige Tips für Ihre allgemeine Prävention

- Nehmen Sie möglichst keine Handtasche mit, denn was nicht da ist, das kann Ihnen auch nicht geraubt werden.
- Ihr Bargeld, Ihre Schlüssel und Ihr Ausweis gehören nicht in Ihre Handtasche. Bewahren Sie diese Dinge in Ihrer Kleidung auf. Nähen Sie notfalls eine Zusatztasche ein.
- Meiden Sie einsame Wege, Straßen und Plätze, bleiben Sie in der Öffentlichkeit.
- Wenn Sie von Ihrer Bank oder Sparkasse Geld abgeholt haben, achten Sie auf Beobachter oder Verfolger. Suchen Sie im Fall des Falles Hilfe bei anderen Passanten, in Geschäften oder bei der Polizei. Schauen Sie sich auch schon vor einer akuten Gefahr nach einer Zufluchtstätte um.

- Tragen Sie Ihre Handtasche nicht am Bügel in der Hand, sondern klemmen Sie sie unter den von der Fahrbahn abgewandten Arm.
- Falls Ihre Handtasche nicht zu groß ist, stecken Sie sie unter Ihren Mantel oder Jacke.
- Sie sollten wissen, wo sich auf Ihrem Einkaufsweg ein öffentlicher Fernsprecher befindet und ob er mit Karte oder Bargeld zu benutzen ist.
- An Ihrem Schlüsselbund sollte kein Namens- oder Adressenschild sein.

Und: Millionen Menschen kaufen täglich in Einkaufszentren, Kaufhäusern, Geschäften und Supermärkten ein, also nicht überängstlich sein – sondern einfach nur vorsichtig. Fast alle Straftäter fürchten Komplikationen und vermeiden, gesehen und öffentlich identifiziert zu werden.

Gefahrenbegegnung

Auf dem Weg zum Supermarkt

Die Mehrzahl der Handtaschenräuber sind Kinder, Jugendliche und Heranwachsende. Die Täter vermeiden grundsätzlich die offene Konfrontation mit ihren Opfern; sie nutzen den Überraschungseffekt, ihre Körperkraft und ihre Schnelligkeit. Die meisten Täter greifen aus dem Lauf heraus an, entreißen ihrem Opfer die Handtasche und laufen weg. Wenn die »Taschengreifer« keinen sofortigen Erfolg haben, laufen sie meistens ohne Beute weiter. Nur selten unternehmen sie einen zweiten Versuch. Auch aus vorbeifahrenden Autos, Fahrrädern oder Mopeds wird nach der Beute gegriffen. Da diese Täter üblicherweise »schwache« Opfer bevorzugen, sollten Sie Ihre **Anti-Opfer-Signale** ganz bewußt einsetzen. Aktive Gegenwehr sollten Sie nur leisten, wenn Sie davon überzeugt sind, daß Sie sich in einer aussichtsreichen Position befinden. Besonders gebrechliche Menschen sollten auf Widerstand verzichten, damit es nicht zu erheblichen Gesundheitsschäden kommt. Geben Sie also lieber Ihre Handtasche auf, denn Ihre Gesundheit sollte den Vorrang haben.

Eventuell können Sie den Handtaschenräuber auch durch laute Schreie verjagen, denn er fürchtet, daß andere auf die Tat aufmerksam und Ihnen zu Hilfe eilen werden. Wenn Sie weiterkämpfen wollen, dann werfen Sie dem Täter als Schockmittel Ihre Handtasche einfach ins Gesicht oder werfen Sie sie mitten auf die Straße.

Manche Täter benutzen auch Tricks, beispielsweise werden Frauen mit einem Stadtplan in der Hand von einem jungen Mann angesprochen, sie sind sekundenlang abgelenkt – Zeit genug für einen Komplizen, Ihre Handtasche vom Arm zu rauben.

Im Supermarkt

Die Taschendiebe gehen meistens im Schutz vor Menschenmengen vor, um im Gedränge Brieftaschen oder Geldbörsen aus Handtaschen oder aus dem Bekleidungsstück zu stehlen. Zu den bevorzugten Tatorten zählen öffentliche Verkehrsmittel, Haltestellen, Bahnhof, Großveranstaltungen, Kaufhäuser und Supermärkte. Täter, die es auf Ihren Tascheninhalt abgesehen haben, gehen oft in Teams von mindestens zwei Tätern arbeitsteilig vor.

Gängige Vorgehensweisen:

- Sie schauen sich am Kleiderständer des Kaufhauses intensiv eine Jacke an. Plötzlich werden Sie angerempelt, geraten eventuell kurz aus dem Gleichgewicht und sind deshalb in diesem Moment nicht ganz aufmerksam. Sekunden, die dem Taschendieb ausreichen, um Ihre Geldbörse zu stehlen.
- Sie sehen, wie ein Mann neben Ihnen zwischen den Regalen kramt. Besonders geschickt verdeckt er auf einmal mit seiner Einkaufstüte Ihre Sicht, so daß Sie nicht sehen können, wie er Ihre Handtasche aus dem Einkaufswagen nimmt oder aber unbemerkt öffnet, um Ihr Portemonnaie herauszunehmen.
- Ihnen tritt jemand mitten im Gewühl auf die Füße. Der Verursacher entschuldigt sich bei Ihnen gestenreich und lautstark. Sie werden durch dieses Spektakel abgelenkt und inzwischen hat ein Komplize Ihre Handtasche gestohlen oder geleert.

- Besonders gemein ist es, wenn Ihre Hilfe gesucht und ausgenutzt wird: Ein unbeholfen wirkender Mann mit einem Joghurtbecher in seiner Hand fragt Sie, ob es Crème fraîche sei, die er für seine Frau daheim einkaufen solle. Doch es handelt sich nur um ein wohldurchdachtes Ablenkungsmanöver, denn in diesem Moment hat ein Mittäter hinter Ihnen Ihre Handtasche aus dem Einkaufswagen entwendet.

Ihre einzigen Möglichkeiten:
- Achten Sie besonders im Gedränge ganz bewußt auf Taschendiebe.
- Ihre Handtasche gehört auf die Körpervorderseite oder unter die Jacke bzw. den Mantel.
- Legen Sie weder Ihr Portemonnaie noch Ihre Handtasche jemals oben in den Einkaufskorb oder Ihre Einkaufstasche geschweige denn sichtbar in einen Einkaufswagen.
- Lassen Sie Ihre Handtasche oder Ihre Einkaufstasche nie unbeaufsichtigt.

Auf dem Rückweg

Auch beim Verlassen des Supermarktes gibt es den einen oder anderen Ganoventrick: Der Mann, der hinter Ihnen auf der Rolltreppe steht, hebt Ihre Handtasche ganz leicht an und schlitzt mit einem scharfen Messer die Riemen durch. Bevor Sie überhaupt etwas gemerkt haben und reagieren könnten, ist er schon mit seiner Beute auf und davon.

Manchen Menschen ist es sehr unangenehm, wenn sie auf ihrem Rückweg von Straßenmusikanten oder angeblichen Zirkusangehörigen nach Geld gefragt werden. Zur kurzen Erklärung: Spendensammler bitten zur Linderung fremder Not, Bettler bitten für den eigenen Bedarf um milde Gaben. In solchen Fällen sollten Sie sich ähnlich verhalten wie bei der Konfrontation mit einer Gruppe, von der Sie eine Gewaltausübung befürchten.

Klugerweise sollten Sie von vornherein gewaltträchtigen Situationen aus dem Wege gehen. Schläger beabsichtigen, durch Anrempeln oder Beleidigungen andere zu provozieren, damit sie für sich die Rechtfertigung in Anspruch nehmen können, sie würden den anderen zu Recht verprügeln. In diesen Fällen ist es ratsam, daß Sie unbedachte Handlungen oder eigentlich passende Antworten tunlichst unterlassen. Selbst wenn Sie in den Augen der Schläger als feige und prüde dastehen, ist das allemal besser, als einen gewollten gruppendynamischen Prozeß in Gang zu setzen, an dessen Ende Sie das Nachsehen haben. Auf jeden Fall sollten Sie unverzüglich die Polizei in Kenntnis setzen, wenn Sie Zeugin oder Opfer einer solchen Anmache bzw. Gewalttat geworden sind. Sind Sie dennoch in die Lage geraten, daß Sie von einer aggressiv aussehenden Gruppe angesprochen werden, dann ist hier Ihr Ziel der Gefahrenbegegnung, ohne eine körperliche Auseinandersetzung so schnell wie möglich aus der Situation rauszukommen. Und zwar dadurch, daß Sie mit den möglichen Tätern sprechen. Doch wie schon öfters erwähnt, sollten Sie nie eine Beleidigung mit einer anderen Beleidigung beantworten. Bleiben Sie nach außen hin selbstsicher, indem Sie ruhig in die Runde blicken und in einem einzigen Satz sagen: *»Lassen Sie mich bitte vorbei«*. Keine Erklärungen abgeben, da dies Ihre Unsicherheit zeigt. Währenddessen gehen Sie langsam aber zielstrebig weiter in Richtung Sicherheit. Sollten von Ihnen Geld oder andere Wertgegenstände gefordert werden, und die Situation schon handgreiflich werden, so ist es manchmal besser, statt eines scharfen »NEIN«, wie bei Betteleien, den Forderungen der Angreifer nachzugeben. So verhindern Sie zumindest einen körperlichen Schaden. Diesen Vorfall sollten Sie aber unbedingt zum Anlaß nehmen, bei der Polizei eine Strafanzeige zu erstatten, denn hier liegt kein Kavaliersdelikt, sondern eine räuberische Erpressung – ein Verbrechen vor.

Gefahrenüberwindung

Der Ellenbogenschlag

Der Ellenbogenschlag kann eine hervorragende, kraftvolle, körpereigene Waffe gegen einen Angreifer sein, und er kann auch von älteren Menschen leicht ausgeführt werden. Als Ziel können Sie fast alle empfindlichen Körperteile eines Angreifers wählen – Gesicht, Hals, Solarplexus, Genitalbereich etc. Diese Schlagtechnik können Sie aus fast jeder Position einsetzen, egal ob der Angreifer hinter Ihnen steht oder sich vor Ihnen aufgebaut hat.

Voraussetzung für den optimalen Einsatz ist aber, daß Ihr anvisiertes Ziel nah genug ist.

Ausgeführt wird der Ellenbogenschlag in einer kreisförmigen Bewegung aufwärts, abwärts, rückwärts, vorwärts oder seitwärts. Auftrefffläche bei dieser Technik ist Ihre Ellenbogenspitze.

Ellenbogenschlag

Der Ellenbogenschlag zur Seite

Wenn Sie von der rechten oder linken Seite her angegriffen werden, ist diese Art besonders geeignet, um den Solarplexus oder den Unterleib zu treffen. Im Sitzen, z. B. im Bus oder in der Bahn, können Sie den Nebenmann in das Gesicht schlagen.

Übungshinweise

- Stellen Sie sich gerade hin, die Füße stehen schulterbreit auseinander. Ihr Partner hält einen dicken Katalog in Bauchhöhe und rempelt Sie leicht von hinten/seitlich an. Schlagen Sie mit Schwung gegen den Katalog. Schauen Sie dabei hin, wo Sie treffen.
- Ihre Partnerin greift Sie aus verschiedenen Positionen (neben oder hinter Ihnen stehend bzw. im Sitzen) an und Sie schlagen gegen ein Telefonbuch oder ein dickes Kissen.

In der folgenden Fotoserie zeigen wir Ihnen nochmal den Ellenbogenschlag zur Seite am Beispiel eines Taschendiebes im Supermarkt.

Versucht jemand Ihr Portemonnaie zu stehlen, so holen Sie mit Ihrem Arm kurz aus, um mehr Schwung zu haben.

Stoßen Sie Ihr Ellenbogengelenk gegen den Bauch, noch besser gegen den Solarplexus des Täters. Rufen Sie anschließend laut, daß Sie bestohlen worden sind, damit Ihnen geholfen wird und jemand den Täter festhält.

Interessenwahrung im Schadensfall

Eine Strafanzeige bei der Polizei kann dazu führen, daß die Täter ermittelt und ihrer Strafe zugeführt werden können, denn zum Teil liegen bei der Polizei schon Lichtbildkarteien vor, so daß eine Identifizierung der Person möglich ist. Hilfe leistet Ihnen bei rechtlichen Fragen der Weiße Ring (s. S. 166).

Tatort: Auf Reisen
Vor Reiseantritt, während der Fahrt, am Urlaubsort

Immer wieder wird kurz vor der Ferienzeit in den Medien darauf hingewiesen: *»Urlaubszeit ist Hochsaison für Diebe.«* Viele Menschen macht die Urlaubsstimmung leichtsinnig, mit der Konsequenz, daß in jedem Jahr in den Sommermonaten Häuser oder Wohnungen von Einbrechern ausgeräumt werden, da die Eigentümer keinerlei Maßnahmen der Gefahrenvermeidung getroffen haben. Ebenso wird in vielen Fällen das gesamte Urlaubsgepäck auf dem Bahnhof oder dem Flughafen entwendet, da nicht aufgepaßt wurde, oder die wertvolle Fotoausrüstung und Handtasche verschwinden aus dem Auto, als es mal eben kurz am Urlaubsort abgestellt war. Dies alles könnte Ihnen erspart bleiben, wenn Sie die folgenden Tips beachten und tatsächlich in die Tat umsetzen.

Gefahrenerkennung vor Reiseantritt

Aus den Statistikzahlen läßt sich folgende Gleichung ableiten:

Merke: Ferienzeit = Einbruchszeit.

Die hohe Zahl der Einbrüche zur Ferienzeit wird auch dadurch begünstigt, daß immer mehr Deutsche verreisen. Während im Jahr 1954 nur jeder vierte Bundesbürger eine oder mehrere Reisen unternahm, verdreifachte sich die Zahl der Reisenden bis zum Jahr 1988. Auch immer mehr ältere Menschen verreisen, oft sogar mehrmals im Jahr. 1993 waren es über 10 Millionen, die den vielfältigen Angeboten der Reiseveranstalter folgten.

Ihre alleinstehende Wohnung/Haus

Ein sicherer und ungetrübter Urlaub beginnt mit einer gut abgesicherten Wohnung oder Haus. Wenn Sie Ihre Urlaubsreise planen, so sollten Sie auch unbedingt an den Schutz Ihrer eigenen vier Wände denken, sonst könnten Sie beim Nachhausekommen eine böse Überraschung erleben. Wir möchten Sie an dieser Stelle auf den Tatort 1: Wohnung/Haus – Einbruchsdelikte (s. S. 62) verweisen, wo wir ausführlich die verschiedenen Aspekte der Gefahrenerkennung und Gefahrenvermeidung beschrieben haben. Da Sie bei der Urlaubsvorbereitung wahrscheinlich alle Hände voll zu tun haben, möchten wir Ihnen anschließend mit der »Sicherheits-Checkliste für Ihre Wertsachen« und der »Checkliste für Ihre Wohnung/Haus« das »Abhaken« der verschiedenen Sicherheitsaspekte erleichtern. Je mehr Fragen Sie mit »Ja« beantworten können, desto sicherer ist Ihr Zuhause.

Sicherheits-Checkliste für Ihre Wertsachen

		ja	nein
1. Haben Sie eine Aufstellung Ihrer Wertsachen angelegt mit:	a. Typnummer? b. Gerätenummer? c. Herstellerbezeichnung? d. schwerveränderlichen Kennzeichen? e. Kaufpreis? f. Kaufdaten?		
2. Haben Sie Ihre Wertsache besonders gekennzeichnet mit:	a. durch Gravur? b. mit Spezialtinte? c. individueller Zahlenfolge?		
3. Haben Sie besondere Wertsachen photographiert?			
4. Haben Sie die Aufstellung Ihrer Wertsachen gesichert deponiert?			
5. Haben Sie besonders wertvolle Dokumente und Gegenstände in Ihrer Bank deponiert?			
6. Bewahren Sie Ihr Bargeld und Ihre Wertsachen in einem Haussafe auf?			

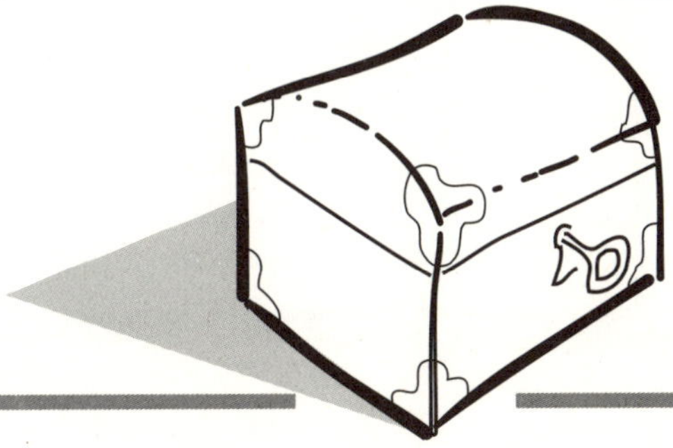

Checkliste für Ihre Wohnung/Haus

	ja	nein
1. Steht Ihre Mülltonne weit weg von den Fenstern und kann dadurch nicht als Aufstiegshilfe benutzt werden?		
2. Haben Sie Leitern unter Verschluß?		
3. Haben Sie Ihre Garten- oder Hoftür (zusätzlich) mit einem richtigen Schloß gesichert?		
4. Haben Sie eine Wohnungseingangstür aus stabilem Material gefertigt (möglichst nach Din 18103/18105)?		
5. Haben Sie die einfachen Buntbartschlösser gegen gute Schlösser ausgetauscht (Sicherheitszeichen nach Din 18251)?		
6. Haben Sie einen Schließzylinder nach Ral RG 605/7 ?		
7. Haben Sie eine Verbindung zwischen Türblatt und Zarge (Rahmen) durch Hintergreifhaken verstärkt (vor allem bei außenliegenden Bändern)?		
8. Haben Sie das gewaltsame Aufbrechen Ihrer Tür durch eine Stahlzarge oder ein im Mauerwerk verankertes Winkelschließblech erschwert?		
9. Haben Sie ein Zusatzschloß mit Sperrbügel, einem Sicherheitsbügel oder einer Sperrkette, als "Raubstopsicherung" installiert?-		
1o. Haben Sie die einfache Glasscheibe Ihrer Wohnungstür gegen Verbundsicherheitsglas, Kunstglas oder beschlagfesten Kunststoff ausgetauscht?		
11. Haben Ihre leicht zugänglichen oder schwer einsehbaren Fenster eine Spezialverglasung?		
12. Haben Sie an Ihren Fenstern abschließbare Beschläge installiert?		
13. Haben Sie Ihre Balkon- oder Terrassentür durch Zusatzschlösser oderspezielle Hebetürsicherungen aufgewertet?		

	ja	nein
14. Haben Sie Ihre Rolläden oder Jalousien mit einer Sicherung gegen unbefugtes Öffnen ausgestattet?	☐	☐
15. Haben Sie Ihre Kellerfenster zusätzlich gesichert?	☐	☐
16. Haben Sie vorhandene Gitterrosten am Kellerlichtschacht massiv und gegen Ausheben gesichert?	☐	☐
17. Haben Sie eine nach außen führende Kellertür besonders gesichert? a. mit starken Riegeln? b. mit Stangenverriegelung? c. mit Zusatzschlössern? d. mit einem stabilen Querholz oder einer Eisenstange?	☐	☐
18. Haben Sie Ihr "bisheriges" Vorhängeschloß ausgetauscht gegen eines, das einen Bügelschutz oder gehärteten Stahlbügel vorweisen kann?	☐	☐

Ihr Urlaubsgepäck

Sie sollten Ihre Reise nur mit leichtem Gepäck antreten, denn je weniger Sie mitnehmen, desto weniger kann Ihnen gestohlen werden. Nehmen Sie also nur das mit, was Sie wirklich brauchen. Da Ihr Gepäck in Sekundenschnelle gestohlen werden kann, ist Ihre Wachsamkeit die beste Art der Gefahrenvermeidung. Außerdem ist demonstrative Wachsamkeit auch ein wirkungsvolles Anti-Opfer-Signal.

Wählen Sie Ihre **Koffer** vor allem nach deren Sicherheitswert aus. Die Versicherungen empfehlen robuste Aluminium-Flugkoffer, die jedoch recht teuer sind. Auf jeden Fall sollten Sie vor Antritt Ihrer Reise den Zustand Ihrer Koffer überprüfen und notwendige Reparaturen rechtzeitig vornehmen lassen.

Weiterhin sollten Ihre Koffer abschließbar sein, wenn nicht, dann verwenden Sie Vorhängeschlösser. Auch Kofferriemen sind wichtig, da diese in Verbindung mit sichtbaren Schlössern abschreckend auf potentielle Diebe wirken. Jede der obigen Maßnahmen kostet den Dieb Zeit, und dies schreckt ab.

Beim Kofferpacken sollten Sie beachten, daß Wertgegenstände nicht in Ihr Gepäck gehören! Auch sollten Sie Ihren Koffer nie überladen, denn er könnte unverhofft aufspringen. Notieren Sie den Gesamtwert Ihres Reisegepäcks und führen Sie die Gepäckstücke einzeln auf, damit Sie im »Notfall« bei Ihrer Versicherung den entstandenen Schaden besser geltend machen können. Schreiben Sie auf Ihren Adressenanhänger nur Ihren Zielort, Ihre Heimatadresse würde möglichen Einbrechern den Hinweis auf eine leerstehende Wohnung geben. Kopieren Sie vor Reiseantritt alle Ihre Papiere (Personalausweis, Reisepaß, Visum, Führerschein etc.) und bewahren Sie diese Kopien getrennt von den Originalen an einem sicheren Ort in Ihrem Reisegepäck auf.

Gefahrenerkennung während der Fahrt

Reisen ist schon immer ein Abenteuer gewesen. Wie die Chancen stehen, die Langzeitreise zu genießen, hängt auch von Ihrem Verhalten und Ihren Vorsorgemaßnahmen ab. Kein Land der Welt kann seine Besucher 100%ig schützen, Sie sollten deshalb vorsichtig sein, doch es gibt keinen Grund zur Überängstlichkeit. Für viele Menschen beginnt der verdiente Langzeiturlaub mit einer Bahnfahrt zum Flughafen. Bahnhöfe sind oft desolate Orte, an denen es wie in öffentlichen Verkehrsmitteln immer wieder zu Begegnungen der unangenehmeren Art kommen kann, beispielsweise zu dreisten Anmachen, Pöbeleien, Vandalismus, Diebstählen oder Körperverletzungen. Für die gesamte Bundesbahn meldete der Bundesgrenzschutz für das Jahr 1993

- 73 000 Diebstähle
- 1 500 Raubdelikte
- 5 200 Körperverletzungen.

Brennpunkt der Straftaten waren die S-Bahnhöfe.

Nach diesen Zahlen ist es nicht verwunderlich, wenn Sie in Bahnhöfen oder Zügen ein beklemmendes Gefühl der Unsicherheit befällt, obwohl das Risiko eines körperlichen Angriffs gerade in diesen öffentlich zugänglichen Räumen und Transportmitteln relativ gering ist. Hier sind Kriminelle eher auf Ihr Reisegepäck oder Ihre Urlaubskasse aus.

Gefahrenvermeidung

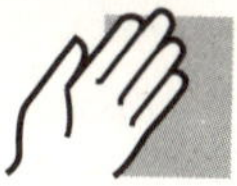

Lassen Sie Ihr Gepäck nie aus den Augen, weder auf dem Bahnhof, dem Flughafen noch in der Hotelhalle.

- Halten Sie am besten immer Körperkontakt mit Ihrem Gepäck.
- Beachten Sie, daß eine Uniform noch keinen Gepäckträger macht.
- Bitten Sie niemals Fremde, auf Ihr Gepäck aufzupassen.
- Übernehmen Sie niemals die Aufsicht für fremdes Gepäck oder nehmen Sie nie ein Päckchen oder andere Gepäckstücke für einen Fremden mit.

- Tragen Sie Ihre Papiere und Bargeld am besten in einem Brustbeutel am Körper.
- In der Eisenbahn sollten Sie Ihre Kleidungsstücke und Wertsachen nie in der Nähe der Abteiltür anhängen; nehmen Sie Ihre Sachen mit, wenn Sie das Abteil verlassen.
- Wenn Sie schlafen möchten, benutzen Sie Ihr Handgepäck evtl. als Kopfkissen oder klemmen Sie es zwischen Körper und Sitz.
- Bevor Sie aus dem Verkehrsmittel aussteigen, überprüfen Sie am besten, ob Sie noch alle Gepäckstücke haben.
- Wenn Sie mit dem Auto unterwegs sind, so sollten Sie auch bei kurzen Stopps immer Türen, Fenster, Schiebedach und Kofferraum sorgfältig verschließen und das Lenkradschloß einrasten.
- Ihr Auto ist kein Tresor! Deshalb keine Wertsachen in ihm liegen lassen.

Gefahrenbegegnung und Gefahrenüberwindung

Wenn Sie selbst angegriffen oder belästigt werden, dann stehen Ihnen hier die Maßnahmen der Gefahrenbegegnung und -überwindung der Tatortsituation Supermarkt, also der Ellenbogenschlag zur Seite oder nach hinten, zur Verfügung. In solchen Situationen, auch wenn sich eine Gefahr etwa durch herumpöbelnde Jugendliche erst langsam anbahnt, ist auch die richtige Reaktion wichtig: Resolut auftreten und laut auf die Täter aufmerksam machen! Holen Sie den Täter aus der Anonymität heraus. Es ist gar nicht nötig, die Heldin zu spielen. Ziel im Moment der Gefahrenkonfrontation ist, einen sozialen Zusammenhalt unter den Anwesenden herzustellen, indem Sie z. B. einzelne Leute direkt ansprechen: *»Genau, Sie dort in der hellen Jacke! Schauen Sie mal, was die hier machen.«* Mitunter ist es auch sinnvoll, den Täter direkt anzusprechen und dann schnell davonzugehen. Denn alle Gewalttäter rechnen damit, daß die anderen vor ihnen kuschen und den Kopf einziehen. Verhalten sich aber potentielle Opfer und Zeugen nicht so wie erwartet, wird es dem Täter peinlich – in 95% der Fälle suchen sie dann das Weite. Untersuchungen haben ergeben, daß latente Hilfsbereitschaft bei vielen Leuten aktiviert werden kann, wenn zuerst ein einzelner mutiger Mensch mit gutem Beispiel vorangeht. Die aktiv werdenden Helfer und Helferinnen sind keinesfalls ausgesprochene Heldentypen. Doch sie zeichnen sich durch soziales Pflichtgefühl, Gerechtigkeitssinn und ein besonderes Verantwortungsgefühl für den einzelnen aus. In höchster Gefahr besteht die Möglichkeit, notfalls auch auf freier Strecke, die Notbremse zu ziehen.

Merke: Holen Sie den Täter aus seiner Anonymität und beziehen Sie Umstehende in das Geschehen aktiv mit ein.

Gefahrenvermeidung am Urlaubsort

Beachten Sie dieselben Maßnahmen der Gefahrenvermeidung, die auch für zu Hause gelten. Rechnen Sie nicht damit, daß andere Leute oder das Hotelpersonal sich automatisch um Ihre Sicherheit sorgen. Maßnahmen der Gefahrenvermeidung sollten Ihnen keinesfalls Ihren verdienten Urlaub vermiesen, sondern sie helfen Ihnen vielmehr dabei, daß Sie sich sicherer fühlen und Sie Ihren Urlaub unbeschwerter genießen können.

- Schließen Sie immer Ihr Hotelzimmer zu und geben Sie den Schlüssel an der Rezeption ab, damit er Ihnen unterwegs nicht verlorengeht oder Ihnen gestohlen wird.
- Deponieren Sie Ihre Wertsachen im Hotelsafe.
- Sind Sie mit einem Wohnwagen oder Wohnmobil unterwegs, so sollte es selbstverständlich sein, auch hier immer zu verschließen.
- In Ihrem Ferienhaus sollten Sie dieselben Schutzmaßnahmen gegen Straftaten treffen wie zu Hause.
- Passen Sie immer auf Radios, Cassettenrecorder, Sportgeräte oder andere Wertgegenstände auf.
- Auch wenn das Angebot noch so günstig erscheint, sollten Sie keine Geschäfte mit sogenannten »Flüsterhändlern« abschließen (z. B. Rolex-Uhr weit unter Wert zu kaufen). Denn fast geschenkt erhalten Sie nur Ihre Enttäuschung über den Betrug.
- Damit Sie nicht ungewollt zu einem Schmuggler werden, sollten Sie für fremde Leute keine Päckchen oder Koffer in die Bundesrepublik mitnehmen.

- Bei flüchtigen Urlaubsbekanntschaften sollten Sie nicht zu vertrauensselig sein und gleich Ihre persönlichen Daten mitteilen. Denn erzählen Sie diesem Menschen, wo Sie wohnen und daß Sie alleinstehend sind, könnten Sie bei Ihrer Rückkehr eine böse Überraschung erleben. Ihre Information kann nämlich einer Einbrecherbande dienen, die ihre Späher an Ihrem Urlaubsort hat und die sofort die Komplizen in Ihrem Heimatort anrufen, sich Ihre Wohnung doch mal »anzuschauen«.

Noch sechs wichtige Tips zum **Schutz vor Diebstahl und Verlust:**

- Nehmen Sie nur so viel Bargeld und Euroschecks mit auf Ihre Reise, wie Sie voraussichtlich benötigen.
- Benutzen Sie auf Reisen so wenig Bargeld wie möglich, benutzen Sie vermehrt Kreditkarten und versicherte Reiseschecks.
- Sie sollten Ihre Euroschecks und die ec-Karte immer getrennt aufbewahren. Wird Ihnen eins von beiden gestohlen oder Sie verlieren eines, dann benachrichtigen Sie umgehend Ihr Kreditinstitut und erstatten Sie bei der nächsten Polizeidienststelle eine Anzeige.
- Lassen Sie weder Ihre ec-Karte noch Ihre Euroschecks in Ihrem abgestellten Pkw liegen.
- Für die Benutzung der ec-Geldautomaten besitzen Sie eine persönliche Geheimnummer. Schreiben Sie diese auf gar keinen Fall auf Ihre Euroscheck-Karte. Am besten lernen Sie die Zahl auswendig.
- Ihre Kreditkarte, Ihre ec-Karte und Ihre Euroschecks sollten Sie immer sehr sorgfältig verwahren.

Eine wirkungsvolle Methode, Hotelzimmerdiebe fernzuhalten, besteht darin, daß Sie an die geschlossene Zimmertür das Schild *»Bitte nicht stören«* hängen und gleichzeitig den Fernseher oder das Radio laufen lassen. An jedem Urlaubsort sollten Sie sich z. B. beim Hotelempfang oder bei einem Polizisten erkundigen, welche Stadtteile als sicher gelten und welche Transportmittel empfehlenswert sind.

Autoaufbruch

Der Autoaufbruch ist nach wie vor die häufigste Aktivität der »Urlaubsgangster«. Oft sind die Touristen aber selbst mit schuld, weil sie Wertsachen im geparkten Wagen zurücklassen. Ein Test ergab, daß ein »Spezialist« nur 16 Sekunden braucht, um ein normales Serienauto ohne Schlüssel zu öffnen, auch bei versenkten Knöpfen oder Zentralverriegelung. Um die Urlauber zu warnen und zu wappnen, verriet der ADAC einige der gängigen Gaunertricks.

Vorgehensweisen

- Tankwarte stellen die Zapfsäulen nicht auf Null, so daß man einen überhöhten Benzinpreis zahlen muß.
- Bei Pannen werden Ersatzteile eingebaut, die gar nicht nötig wären.
- Beim Bezahlen werden geschickt größere Geldscheine mit kleineren vertauscht.
- Vom vorbeifahrenden Auto oder Motorrad aus werden den Touristen blitzschnell Handtaschen, Fotoapparate und ähnliche Wertobjekte entrissen.
- Freundliche Einheimische lenken den Gast dadurch ab, daß sie ihm beispielsweise eine Blume an die Jacke stecken; dabei verschwindet die Geldbörse.

Solche Blitzaktionen kommen oft auch beim Anhalten vor roten Ampeln vor. Deshalb sollte wertvoller Schmuck in jedem Fall zu Hause bleiben und Geld nur am Körper in unauffälliger Lage aufbewahrt werden. Fotoapparate, Videorecorder, wertvolle Kleidungsstücke und anderes sollten niemals offen im Wagen herumliegen. Wenn überhaupt, dann sollten Sie einen vollgepackten Wagen nur auf einem bewachten Parkplatz abstellen.

Es ist ratsam, sich bereits vor Urlaubsantritt mit der Währung des jeweiligen Landes vertraut zu machen und beim Bezahlen von Rechnungen immer aufmerksam mitzurechnen. Wenn trotz aller Vorsicht dennoch unangenehme Situationen eintreten, bleibt nur – allein schon aus Versicherungsgründen erforderlich – der Gang zur Polizei und ins nächste deutsche Konsulat (s. S. 136).

Gefahrenüberwindung

Werden Sie an Ihrem Urlaubsort tätlich angegriffen, so schlagen wir Ihnen hier als Abwehrtechniken den Stich mit Ihrem Stock oder Ihrem Schirm und den Schlag mit Ihrem Schlüsselbund vor. Selbstverständlich können Sie aber auch hier die Abwehrtechniken der anderen Tatortsituationen verwenden, je nachdem, was Ihnen in der sich stellenden Situation am geeignetsten erscheint. Wie Sie das machen, zeigen die beiden Fotoserien:

Stich mit dem Stock oder Schirm

Versucht der Täter Ihre Tasche wegzureißen, so stoßen Sie mit Ihrem Regenschirm oder Stock zu.

Erfassen Sie dabei den Schirm mit beiden Händen am Griff und zusätzlich in der Mitte. Holen Sie leicht aus und stoßen Sie zum Unterleib.

Schlag mit dem Schlüsselbund

Sie nähern sich Ihrer Ferienwohnung, Ihrem Hotel oder Ihrem Auto. Zur inneren Beruhigung und Stärkung nehmen Sie Ihren Schlüsselbund in die Hand. Den benötigten Schlüssel halten Sie so, daß Sie sofort aufschließen können.

Die anderen Schlüsselenden lassen Sie zwischen Ihren Fingern herausragen.

Ballen Sie die Hand zur Faust. Das Metall in der Hand und die erhöhte Blutzirkulation geben Mut und Selbstsicherheit.

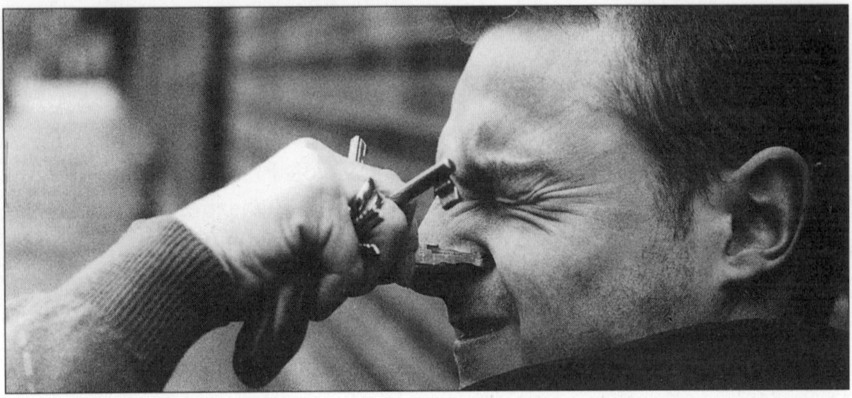

Bei einem gefährlichen Angriff schlagen Sie dem Täter die Faust mit den Schlüsseln in das Gesicht.

Übungshinweise

1. Schlüsselschlag

- Üben Sie, Ihre Finger rasch mit den einzelnen Schlüsseln zu »spiken«, um eine optimale Griffsicherheit zu erlangen.
- Üben Sie, die Tür aufzuschließen, obwohl Sie die Schlüssel schon abwehrbereit postiert haben.
- Nehmen Sie die Seitwärtsstellung ein und schlagen Sie gegen ein Zeitungsbündel oder Schaumgummi, das Ihr Partner in Kopfhöhe hält.

2. Stockstichübungen

- Nehmen Sie den Stock oder den Schirm in beide Hände und drehen Sie das Hilfsmittel zu den Seiten, nach oben und unten; Ihr Partner greift Sie mit einer Ohrfeige, mit einem Schlag von oben oder mit einem Fußtritt an. Blocken Sie die Angriffe kräftig ab. Aus der Blockhaltung stechen Sie mit dem Stock (Schirm) zu, ohne eine Hand zu lösen.

Interessenwahrung im Schadensfall

Irgendwo im Ausland, der Sprache nicht mächtig, sind auf einmal Geld, Kreditkarte, ec-Karte, Euroschecks, Flugticket und all Ihre Ausweispapiere gestohlen worden. Dies ist mit Sicherheit der Alptraum jedes Touristen, der aber Jahr für Jahr mit steigender Tendenz zur bitteren Wirklichkeit wird. So unangenehm das alles sein kann, ein Grund zur Panik ist es auf gar keinen Fall. Denn noch ist kein Tourist im Ausland verhungert. Sobald Sie bemerken, daß Sie bestohlen worden sind, wenden Sie sich bitte sofort an die örtliche Polizei. Fragen Sie in Ihrem Hotel nach, ob Sie jemand begleiten kann, der eventuell bei der Befragung übersetzt. In vielen größeren Städten touristisch erschlossener Gegenden gibt es mittlerweile auch Übersetzer in der Polizeibehörde. Die Polizei wird nun Ihre Anzeige aufnehmen und Sie darüber informieren, wo sich die nächste **Auslandsvertretung** der Bundesrepublik Deutschland befindet. Der bundesdeutsche Auswärtige Dienst unterhält ca. 200 Auslandsvertretungen in aller Welt, und ein Teilbereich ihrer Aufgaben ist die Betreuung deutscher Auslandsurlauber. Doch: Die deutschen Auslandsvertretungen sind weder Filialen von Reisebüros noch Kreditinstitute. Ihre unbezahlte Hotelrechnung wird also von keinem Konsularbeamten beglichen.

Nach dem Konsulargesetz wird Ihnen Hilfe gewährt, wenn Ihre Notlage auf andere Art und Weise nicht behoben werden kann. Sie werden somit eine Hilfe zur Selbsthilfe erhalten. Beachten Sie bitte, daß sich die Konsularbeamten auch an die Gesetze des Gastlandes halten müssen, d. h. sie besitzen gegenüber den Behörden des Gastlandes keine Weisungsbefugnis. Weiterhin gibt es Honorarkonsule, die für die Bundesrepublik Deutschland arbeiten. Die meisten sind keine deutschen Staatsbürger, sie haben nur eingeschränkte konsularische Rechte und deshalb auch nur begrenzte amtliche Hilfsmöglichkeiten. Da sie jedoch über bessere Kenntnisse der örtlichen Verhältnisse verfügen, empfehlen wir Ihnen, sich zuerst an sie zu wenden.

Um Schadensansprüche im Ausland geltend machen zu können, benötigen Sie folgende Daten:

- Name und Anschrift des Täters (wenn möglich).
- Eine Kopie oder Durchschrift des Polizeiprotokolls bzw. eine Bestätigung der örtlichen Polizei, daß Sie bestohlen oder beraubt worden sind.
- Optimal ist es, wenn Sie die Anschrift des zuständigen Gerichts und das Aktenzeichen Ihrer Schadenssache haben.

Manchmal können Sie Ihre Forderungen im Ausland nicht durchsetzen, so daß diese Daten für Ihre Kasko-, Hausrat- oder Reisegepäckversicherung sehr wichtig sind. Mit einem Konsularbeamten sollten Sie besprechen, ob es sinnvoll ist, die Wahrung Ihrer Interessen noch vor Ihrer Abreise einem ortsansässigen Rechtsanwalt zu übertragen.

Die finanzielle Überbrückungshilfe vom Konsulat, die selbstverständlich später zurückgezahlt werden muß, kann folgendermaßen aussehen:

- Telefon- oder Telegrammkosten, damit Sie in Deutschland Geld anfordern können.
- Sie können ein kurzfristiges Überbrückungsgeld erhalten, bis Ihr angefordertes Geld aus Deutschland eintrifft.

- Ihnen können die Karte für die preisgünstigste Heimreise und ein »Zehrgeld« gewährt werden.
- Unter bestimmten Umständen werden Ihnen auch Ihre Arzt-, Medikamenten- und Krankenhauskosten bezahlt, z. B. bei Verletzungen nach einer Gewalttat, nach Unfällen und bei akuten Erkrankungen.

Wenn Ihr Paß weg ist, und Sie evtl. noch eine Kopie Ihrer Ausweispapiere besitzen, so erhalten Sie schneller einen Ersatzausweis. Sie benötigen allerdings zwei Paßbilder und eine Kopie der Strafanzeige bzw. eine Verlustbestätigung der örtlichen zuständigen Polizei, um einen Paßersatz zur Rückkehr in die Bundesrepublik Deutschland ausgehändigt zu bekommen. Diesen Ausweis können grundsätzlich nur Berufskonsularbeamte ausfertigen. Wenn Ihre gesamten Papiere abhanden gekommen sind, so müssen Sie mit einer Verlustbescheinigung der zuständigen Ortspolizei auskommen, denn Ihr Führerschein oder Ihr Fahrzeugschein können nur von Ihrer Heimatbehörde ausgestellt werden.

Tatort: Kaffeefahrt Verbrauchertäuschung

Gefahrenerkennung

Obwohl Verbraucherschützer und Polizei immer wieder warnen, boomt die Kaffeefahrtenbranche. Wer als älter gewordener oder alleinstehender Mensch Tag für Tag in den eigenen vier Wänden sitzt, ist oftmals sehr erfreut über das günstige Angebot im Briefkasten: Busreise, Essen, Kaffee, Kuchen, Unterhaltung, andere Menschen, Geschenke – dies alles für ein paar Mark. Die herrschende Einsamkeit ist sicher für viele Menschen ein triftiger Grund, an solch einer Kurzreise teilzunehmen. Denn natürlich ist es angenehm, umsorgt zu werden, soziale Kontakte zu pflegen und für wenig Geld einmal aus den vier Wänden herauszukommen.

Doch sollten Sie wissen, daß solche Einladungen mit »Möglichkeit zur Teilnahme an einer Werbeveranstaltung« mit einem Ausflug sehr wenig gemeinsam haben, denn hier geht es nur um das Geschäft. Die Teilnehmer unterliegen größtenteils einem großen psychologischen Druck, die Verkaufsprofis reden Ihnen ein schlechtes Gewissen ein, und sollten Sie kritische Fragen stellen oder den Saal verlassen, so werden Sie als Störenfried beschimpft. »Kritische Verbraucher« wurden sogar schon aus dem Saal verwiesen. Viele Verkäufer arbeiten mit der Mitleidstour: *»Mein Boss wirft mich raus, wenn ich nicht mindestens ein Dutzend Artikel verkauft habe.«*

Es ist zwar nicht nachgewiesen, daß jemand tatsächlich während der Veranstaltung eingeschlossen wurde, da die ganze Situation aber viele so einschüchtert, kann man von einem psychologischen Einschließen sprechen.

Oftmals werden die Teilnehmer in mehrstündigen Veranstaltungen regelrecht »weichgeklopft«. Bei den Werbeveranstaltungen werden oft Gesundheitsbetten, Decken, Kopfkissen, Badezusätze, Nährmittel, Trinkkuren und ähnliche Waren angeboten. Die Produkte sind überteuert, vergleichbare Produkte kosten im Geschäft bis zu einem Viertel weniger und die Qualität läßt sehr oft zu wünschen übrig. Dabei handelt es sich zwar in den wenigsten Fällen um ein strafrechtlich verfolgbares Delikt, aber die Enttäuschung wird auf jeden Fall groß sein. Schließlich müssen doch auch Bus, Saal, Essen und Geschenke finanziert werden. Obgleich diese Tatsachen bekannt sind, kommen viele Teilnehmer von einer Verkaufsreise mit vermeintlich reicher Beute zurück – doch den Vorteil hat nur der Anbieter der Kaffeefahrt.

Gefahrenvermeidung

Wenn Sie an einer solchen Kaffeefahrt teilnehmen, dann können Sie sich unterhalten lassen, angebotene Speisen und Getränke annehmen und die offerierten Geschenke mitnehmen. Doch vor einem sollten Sie sich hüten: Etwas zu unterschreiben oder zu kaufen. Handeln Sie nach diesem Grundsatz, so ist dies die sicherste Möglichkeit, daß Sie nicht übers Ohr gehauen werden. Können Sie dem lockenden Angebot nicht widerstehen, so sollten Sie folgendes beachten: Unterschreiben Sie nichts, was Sie nicht genau verstanden haben. Bedenken Sie: Ihre Unterschrift ist in diesem Fall keine »reine Formsache«, zudem sind mündliche Absprachen mit dem Verkäufer, z. B. ein Rückgaberecht, immer unwirksam.

Gefahrenbegegnung

So oder ähnlich könnte es Ihnen passieren: Eines Morgens finden Sie in Ihrem Briefkasten ein farbenfrohes Flugblatt. Sie lesen ein Angebot:

> *Ein herrlicher Tagesausflug mit vielen Sehenswürdigkeiten.* Etwas weiter darunter: *Einladung zu einer einmaligen Werbeverkaufsfahrt.* Ziel: *Das 90 km entfernte pittoreske Städtchen Duderstadt im Eichsfeld.* Die *Reise mit Herz* soll auch nur 19,90 DM kosten. Als einmaliges Angebot sind in diesem Preis enthalten: *Für jeden ein 20teiliges Tafelservice, zusätzlich für jedes Ehepaar ein 42teiliges Frischhalteset.* Und ganz klein und unscheinbar finden Sie die Formulierung: *Änderungen vorbehalten.*

Da Sie schon länger keinen Ausflug gemacht haben, sitzen Sie zwei Tage später gegen 4.30 Uhr mit einem Dutzend anderer Menschen am Busbahnhof.

Nach etlichen Stopps zum Aufsammeln von anderen Reiseteilnehmern und fast vierstündiger Busfahrt treffen Sie mit den anderen Ausflüglern im niedersächsischen Northeim ein. Noch nicht Duderstadt! Bevor überhaupt jemand protestieren oder nachfragen kann, werden Sie mit den anderen in einen tristen Saal geschleust. Sie müssen hier feststellen, daß die »geschmückte Kaffeetafel« sich als vier lange Tischreihen mit Kunststoffdecken, die die angeschlagene Tischplatte leidlich verdecken, entpuppt.

Und nun das Frühstück. Kostenfrei? Leider irren Sie hier: Das Kännchen Kaffee kostet 5 DM. Vom Frühstück keine Spur. Doch dafür geht's gleich los. Die Werbeshow beginnt. Sie werden später auf die Uhr schauen und feststellen, daß sie fünf Stunden gedauert hat. Der Verkaufsprofi stellt sich eloquent mit Namen vor und erklärt Ihnen, daß das Mittagessen vor Ort eingenommen wird. Da es eigentlich in einem gemütlichen »Landgasthof« stattfinden sollte, protestieren einige Teilnehmer zaghaft, doch mit strengen Worten weist der Verkaufsprofi sie darauf hin, daß es sich um eine Verkaufsshow handelt. Anfangs ärgerlich, dann resignierend, hören Sie sich den Verkaufsvortrag an. Dabei geht es mit blumigen Worten um die Gesunderhaltung Ihres Körpers, der Redekünstler appelliert an die eigene Verantwortlichkeit jedes Menschen für dieses »höchste Gut« – wer kann da nicht zustimmen. Das beworbene »Wundermittel« gibt es dann ausgerechnet heute zum Jubiläumspreis – Ihnen kommt es dennoch reichlich teuer vor. Plötzlich merken Sie, daß der Verkaufsprofi auch Unterstützung aus dem Teilnehmerkreis erfährt: *»Qualität hat eben Ihren Preis, aber ich habe gute Erfahrungen damit gemacht.«* Schließlich werden auch kleine Nachteile des Produktes genannt: Sie müssen bei der Anwendung Geduld aufbringen – etwa ein Vierteljahr. Was nicht gesagt wird: Nach einem Vierteljahr ist das Rückgaberecht von acht Tagen längst abgelaufen. *»Ich will Ihnen helfen und keinen Schmu machen,«* lauten dann die Floskeln der Selbstlosigkeits- und Ehrlichkeits-Tour. Nach einem kurzen rhetorischen Abstecher in die allgemeine mißliche Lage des Sozialstaates wird den unentschlossenen Zuhörern zumindest ein Preisnachlaß gewährt. Gleichzeitig wird Ihnen unterschwellig suggeriert, Sie müßten nun als Dank für diese schöne und günstige Fahrt etwas kaufen. Denn schließlich – wer will ein Schmarotzer sein?

Und nun geht das Kaufen der Supersonderangebote los, denn zu den einzelnen gekauften Waren werden noch andere Kleinigkeiten als Beigabe zu äußerst günstigen Preisen eingepackt. Schließlich ist gegen 16.00 Uhr die Verkaufsshow beendet und nun geht es endlich nach Duderstadt. Der Aufenthalt dort beträgt leider nur noch 45 Minuten ...

So schützen Sie sich vor einem Betrug

Der Moment der Unterschrift ist der Augenblick, in dem Sie in großer Gefahr schweben, Opfer eines Betruges zu werden. Deshalb: Achten Sie bei Verträgen auf Kaffeefahrten auf Datum und Unterschriften. Die Belehrung über das Widerrufsrecht muß in solch einem Vertrag gesondert von Ihnen unterschrieben werden. Ein fehlendes oder falsches Datum erschwert Ihr Widerrufsrecht. Fordern Sie auf jeden Fall eine Vertragsdurchschrift. Der Name und die Anschrift des Vertragspartners müssen deutlich lesbar sein. Nur unseriöse Verkäufer werden versuchen, Ihre Forderungen zu unterlaufen, indem sie Bestellungen ohne Datum schreiben, das Datum zurückdatieren oder das Unternehmen unleserlich oder gar nicht angeben.

Merke: Diese Machenschaften gefährden Ihre Rechte als Verbraucher und sind verboten! Auch wenn Sie nicht Opfer eines Betruges werden, einen guten Kauf werden Sie bei Kaffeefahrten niemals machen!

Interessenwahrung im Schadensfall

Wenn Sie etwas gekauft oder bestellt haben, Sie sich den Vertrag ansehen und Unkorrektheiten feststellen bzw. Sie Ihr Rücktrittsrecht nutzen wollen, ist das in vielen Fällen nicht so einfach. Denn es gibt in der Regel unterschiedliche Adressen: Der Reiseveranstalter ist ein anderer als der Busunternehmer, der Warenhersteller ist mit dem Vertragspartner nicht identisch. Das alles verwirrt. Wichtig ist, daß Sie Ihren schriftlichen Widerruf binnen einer Woche nach Vertragsabschluß an den Verkäufer schicken (Einschreiben mit Rückschein)! Das deutsche Widerrufsrecht gilt auch für Kaffeefahrten in das Ausland, wenn in Deutschland dafür geworben wurde und Busfahrt und Veranstaltung von einem deutschen Unternehmen durchgeführt wurde. Sollten Sie sich keinen Rat wissen, so werden Ihnen die nächste Verbraucherberatungsstelle und die Polizei zunächst weiterhelfen.

Tatort: Geldautomat
Geldraub

Der Tatort »Geldautomat« steht stellvertretend für alle Tatorte, an denen Sie Opfer eines Raubdeliktes werden können, denn leider können Sie überall ausgeraubt werden.

Gefahrenerkennung

Raubdelikte passieren mehrheitlich in den Großstädten (über 500 000 Einwohner = 39%) und nehmen statistisch betrachtet mit der Einwohnerzahl ab. In Gemeinden und Städten bis zu 20 000 Einwohner wurden die Delikte zu »nur« 14% bei der Polizei zur Anzeige gebracht. Räuber sind zu über 90% Männer und zu über 50% älter als 21 Jahre.

Etwa 15% der Raubopfer waren älter als 60 Jahre. Wo Raubüberfälle genau stattfinden, zeigt die Graphik.

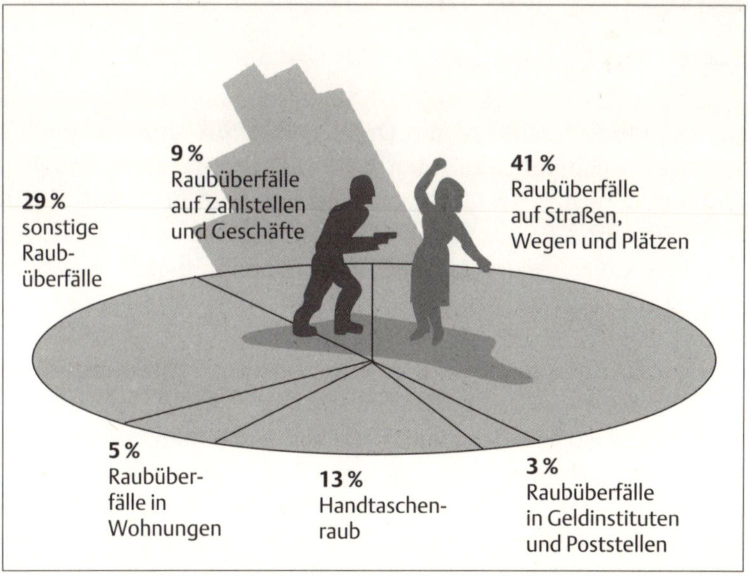

Potentielle Räuber halten sich bevorzugt in der Nähe von Banken, Sparkassen oder Geldautomaten auf. Räuber beobachten ihre Opfer genau und überfallen sie dann überraschend und rücksichtslos. Besonders vor Weihnachten, wenn viel Bargeld an den Schaltern von Geldinstituten oder von Geldautomaten abgeholt wird, ist es schon vorgekommen, daß nicht nur Kunden in der Warteschlange stehen, sondern auch Räuber, die bei dieser Gelegenheit ein lohnendes Opfer auswählen.

Die unbestreitbaren Vorteile des bargeldlosen Zahlungsverkehrs sind leider auch mit einer neuen Kriminalitätsform verbunden: dem Diebstahl oder Raub von Scheck- und Kreditkarten. Diese Plastikkärtchen sind bei Straftätern deshalb begehrt, weil sie meist mehrfach eingesetzt werden können, um an das Geld der Opfer zu gelangen. Und der Schaden ist hoch: Im Jahr 1991 erbeuteten Straftäter weit über 120 Millionen DM. Beliebt sind bei freistehenden Geldautomaten die »Schultergucker«, und manche Täter benutzen auch Ferngläser oder Videokameras mit starken Zoomlinsen, um die Kartennummern und Scheinnummer Ihrer Kreditkarte herauszufinden, die sie sich durch Raub oder Diebstahl von Ihnen dann besorgen.

Gefahrenvermeidung

Oftmals sind es die Opfer selbst, die durch ihren Leichtsinn oder ihre Bequemlichkeit den Raub überhaupt erst ermöglichen. Ihre Maßnahmen der Gefahrenvermeidung sollten somit darin liegen, Leichtsinn und Bequemlichkeit auszuschalten und eine Verminderung von Tatanreizen jeder Art anzustreben, ohne daß Ihre Lebensqualität allzu stark beeinträchtigt wird.

Merke: Räuber greifen überraschend und blitzschnell zu.

Zeigen Sie also nicht alles, was Sie haben; mit Pelzen, Bargeld, kostbarem Schmuck oder anderen Wertgegenständen brauchen Sie nicht zu prahlen oder diese Sachen ungeschützt zur Schau stellen, oder? Ebenso sollten Sie sich nicht auf jedes Gespräch mit einem Fremden einlassen, wenn niemand sonst in der Nähe ist.

Bewahren Sie Ihr Bargeld, Ihre Schlüssel und Ihre Ausweispapiere in Ihrer Bekleidung auf. Sie sollten sich eine »Safe-Tasche« in Ihren Mantel oder Jacke einnähen, Geldgürtel oder Brustbeutel sind ebenfalls hilfreich. Wie schon so oft erwähnt, sollten Sie einsame Wege, Plätze, Straßen, Unterführungen und Haltestellen vor allem bei Dunkelheit meiden. Ordern Sie besser eine Taxe oder bitten Sie eine Person Ihres Vertrauens, Sie nach Hause zu bringen. Und letztendlich sollten Sie möglichst überhöhten Alkoholgenuß auf Partys, in Lokalen oder auf anderen Festivitäten unterlassen, damit Sie immer bei klarem Verstand sind und Sie Ihr »Radar« richtig auswerten können.

Hier noch einige **spezielle Tips** für das Verhalten an Geldautomaten oder in Geldinstituten:

- Sie sollten sich von Freunden oder Familienmitgliedern begleiten lassen, wenn Sie vor allem größere Beträge abholen wollen.
- Sie sollten Bargeld unregelmäßig und nur in kleineren Mengen abheben.
- Sie sollten eine Abhebung zur Nachtzeit grundsätzlich unterlassen.
- Sie sollten beim Abheben des Geldes das Umfeld genau im Auge behalten, denn Räuber beobachten ihre Opfer am Geldautomaten oder im Geldinstitut sehr genau.
- Sie sollten darauf achten, daß andere Personen die Eingabe Ihrer Geheimnummer nicht sehen können. Verdecken Sie also mit Ihrem Körper den Einblick auf die Tastatur des Geldautomaten.
- Sie sollten in der Öffentlichkeit nie zeigen, wieviel Geld Sie gerade abgehoben haben. Zählen Sie das abgehobene Bargeld auf gar keinen Fall auf der Straße nach.
- Wenn Sie größere Geldbeträge abholen, dann sollten Sie sich diesen Betrag besser in einem separaten Geldraum der Bank auszahlen lassen.

Noch ein Wort zu Ihrer Geheimnummer: In der Fachsprache wird sie als persönliche Identifikationsnummer bezeichnet, und persönlich sollte sie auch wirklich bleiben, d. h. nur Ihnen selbst bekannt sein. Wir können Ihnen nur unbedingt raten, diese 4 Ziffern auswendig zu lernen und alles Schriftliche, wo diese Zahl auftaucht, zu vernichten. Falls ein Dieb oder Räuber neben Ihrer Scheckkarte auch die Geheimzahl in seine Hände bekommt, kann er sich hemmungslos an Ihrem Konto bedienen. Bei nachgewiesenem grob fahrlässigem Verhalten müssen Sie sogar als Kundin etwaige Schäden in vollem Umfang übernehmen. Bei Verlust oder Diebstahl der ec-Karte sollten Sie sofort Ihre Bank informieren. Sperrmeldungen nimmt auch eine Bereitschaftszentrale unter folgender Telefonnummer entgegen: 0 69-74 09 87.

Gefahrenbegegnung

Führen Sie sich bitte immer vor Augen, daß Diebe heimlich ihrem »Handwerk« nachgehen wollen, doch Räuber kalkulieren durch die direkte Konfrontation mit ihrem Opfer einen Widerstand stets mit ein und sind insofern gewaltbereit.

Sie sollten gegenüber Räubern nie die Heldin spielen. Betroffene erzählten, daß sie vor allem aus drei Gründen überfallen worden sind:

1. Sie waren allein unterwegs,
2. Sie haben den Eindruck vermittelt, Geld oder Wertsachen zu haben,
3. Sie bewegten sich in einer einsamen Gegend.

Später befragte Räuber haben diese »Auswahlkriterien« bestätigt. Da Räuber zu allererst an Ihrem Geld und Ihren Wertsachen interessiert sind und so rasch wie möglich unerkannt verschwinden wollen, sollten Sie sich grundsätzlich so verhalten: Wenn Sie die Meldung Ihres inneren Radars erhalten, daß Sie am Geldautomaten beobachtet werden, schauen Sie sich genau um. Straftäter lassen oft von ihrer Untat ab, wenn sie sich selbst beobachtet fühlen und befürchten müssen, nach der Tat identifiziert zu werden. Suchen Sie direkt die Nähe anderer Passanten auf oder gehen Sie in ein Geschäft oder in die Bank zurück und teilen Sie dort Ihre Vermutung mit. Achten Sie beim Weggehen auf mögliche Verfolger. Wenn Sie verfolgt werden, benutzen Sie ein Taxi oder einen Bus. Eine Gruppe von Menschen verspricht Ihnen Schutz. Werden Sie von einem Fremden um kleinere Geldbeträge oder zum Geldwechseln gebeten, sollten Sie sofort mißtrauisch werden. Evtl. will sich der Täter nur darüber informieren, wieviel Geld Sie dabei haben. Stehen Sie plötzlich einem Räuber gegenüber, sollten Sie

- weder jammern noch blindlings schreien,
- keine unnötigen Bewegungen machen,
- keine Anweisung des Räubers mißachten.

Grundsätzlich sollten Sie sich nur in einer aussichtsreichen Situation körperlich zur Wehr setzen. Bedroht der Räuber Sie mit einer Schußwaffe, so bleibt Ihnen nichts anderes übrig, als Ihr Geld herauszugeben. Denn geraubter Schmuck, geraubtes Geld oder auch andere Wertgegenstände stehen in keinem Verhältnis zu einer schweren Verletzung Ihrer Person, durch die Sie möglicherweise wochenlang ans Krankenbett gefesselt sind.

Wenn Sie mit solch einer Gefahrensituation konfrontiert werden, versuchen Sie umgehend, die vagotone Schockphase zu überwinden, um anschließend mit dem Täter sprechen zu können. Worte sind vielleicht Ihre besten Waffen. Sind Handgreiflichkeiten zu erwarten, gehen Sie auf sichere Distanz, nehmen Sie **Seitwärtsstellung** ein und bereiten Sie den Einsatz Ihrer Beine und Füße zur Selbstverteidigung vor.

Gefahrenüberwindung

Bei Ihrer Abwehr sollten Sie Ihre ganze Kraft einsetzen: Mit totalem Einsatz Ihrer Selbstverteidigungs-Techniken ganz gezielt empfindliche Stellen am Körper des Straftäters treffen. Durch einen markerschütternden Schrei *»Feuer! Feuer!«* sollten Sie nicht nur um Hilfe rufen, sondern Sie können den Täter gleichzeitig damit verwirren, ablenken, um Ihre Techniken besser anzuwenden. Denn laute Schreie mögen diese Täter nicht, ebenso wie Diebe das Licht nicht mögen. Ist es schon zu einem Kontaktangriff gekommen, dann wählen Sie die Techniken, die in der Fotoserie auf der nächsten Seite dargestellt sind: Ist der Räuber schon sehr nah an Ihrem Körper, dann empfiehlt sich ein kräftiger, entschlossener **Knieschlag in den Unterleib.** Aber bitte keine halbherzigen Aktionen! Eigentlich ist der Knieschlag nur das präzise und wuchtige Anwinkeln Ihres Knies, das Sie einem Angreifer kreisförmig in den Unterleib schlagen. Dabei zeigen Ihre Fußspitzen nach unten. Nach dem Knieschlag sollten Sie noch unbedingt eine Folgetechnik, beispielsweise **Faustschlag auf die Nase** oder **Fußtritt gegen das Schienbein** anwenden, um eine ausreichende Fluchtdistanz zu schaffen.

Eine Abwehrmöglichkeit für lebensbedrohliche Situationen ist der **Faustschlag gegen den Kehlkopf** des Täters. Wie Sie die Faust ballen, ohne sich selbst zu verletzen, schauen Sie sich bitte nochmal auf Seite 100 an und üben Sie regelmäßig, so daß Sie in einer brenzeligen Situation nicht erst Ihre Finger sortieren müssen.

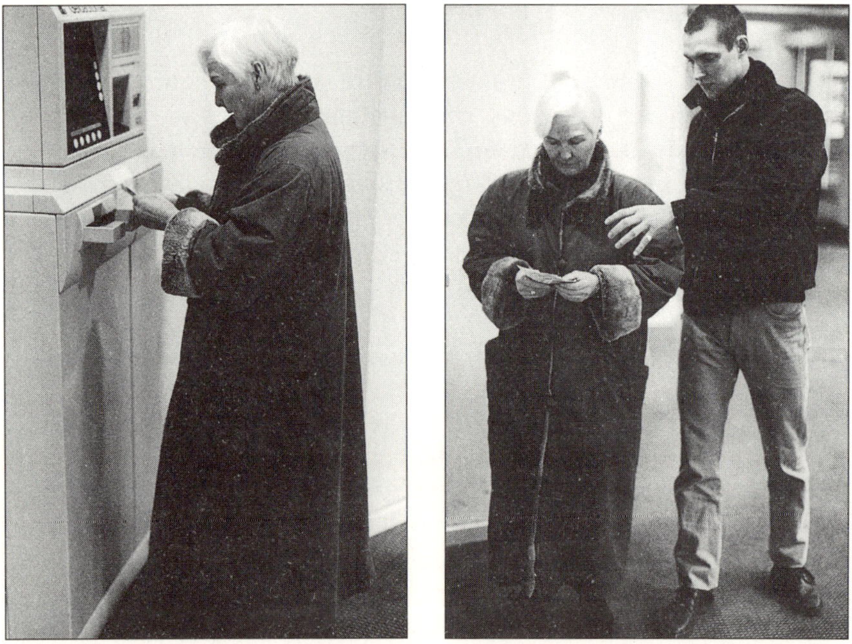

Beim Geldabheben nicht am Automaten das Geld zählen. Reklamieren können Sie sowieso nicht gleich, und den Tätern würden Sie unnötigerweise zeigen, wieviel Geld Sie abgehoben haben.

Bei einem Angriff lassen Sie das Geld fallen. Es lenkt den Täter ab, und so leicht kann er es Ihnen nicht wegnehmen. Falls er sich bückt, können Sie zutreten.

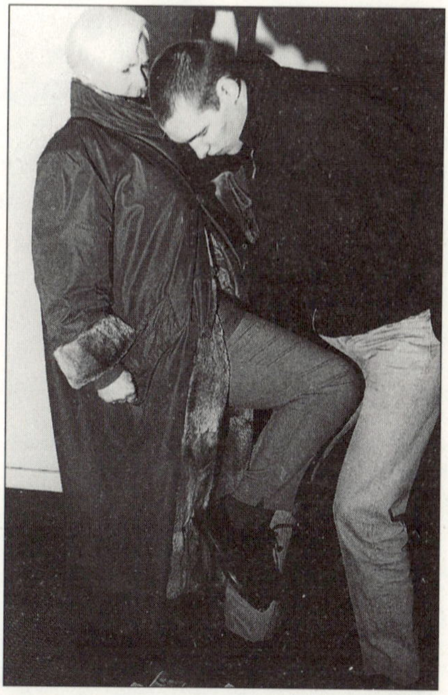

Auch aus dichter Bedrängnis können Sie Ihr Knie nach oben gegen seinen/ihren Unterleib stoßen.

Zur Nachtzeit in lebensbedrohlicher Situation schlagen Sie mit Ihrer Faust gegen seinen Kehlkopf – Lebensgefahr! –

Übungshinweise

- Sie nehmen die Seitwärtsstellung ein, Ihre Partnerin hält ihre eine Handfläche in Gürtelhöhe: Nun schlagen Sie sicher und kräftig mit Ihrem rechten und linken Knie gegen die Handflächen; atmen Sie dabei bewußt ein und aus.
- Ihre Partnerin hält in Gürtelhöhe eine zusammengefaltete Zeitung oder einen Katalog; Sie üben den Knieschlag 7mal rechts und links.
- Ihre Partnerin hält in Gürtelhöhe einen Katalog, dann kommt sie wie ein Roboter stetig auf Sie zu. Aus dieser Bedrängnis versuchen Sie, den Knieschlag anzuwenden (7mal rechtes und linkes Knie einsetzen).

Interessenwahrung im Schadensfall

Sie sollten sich sofort bei der Polizei melden, wenn Sie Opfer eines Raubes geworden sind. Tun Sie dies auch, wenn der Schaden gering ist oder Sie glauben, keine brauchbare Täterbeschreibung liefern zu können! Als Opfer eines Gewaltverbrechens stehen Ihnen sowohl materielle wie auch finanzielle Hilfe aufgrund des Opferschutzgesetzes zu. Lassen Sie diese Hilfsangebote auf keinen Fall außer acht. Wenden Sie sich gleichzeitig an den Weißen Ring oder eine andere Hilfsorganisation bzw. Selbsthilfegruppe (s. S. 176).

Tatort: Telefon
Telefonterror und Überfall in der Telefonzelle

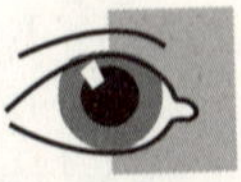

Gefahrenerkennung Telefonterror

Das Telefon läutet und manchen Frauen wird es mulmig, mit klopfendem Herzen nehmen sie den Hörer ab. Am anderen Ende ist nur wieder das entsetzliche Gestöhne oder eindeutige Angebote zu hören.

Viele Frauen, egal ob 25 oder 75 Jahre alt, werden per Telefon belästigt, sogar manchmal richtig terrorisiert. Das Telefon klingelt ständig, häufig auch mitten in der Nacht, es werden verbale Obszönitäten oder zum Teil sogar Gewaltandrohungen hineingesprochen. Psychisch gestörte Männer finden es erregend und befriedigend, anonym am Telefon mit Frauen jeglichen Alters über Sex zu sprechen.

Experten wissen: Telefonterror ist weit verbreitet und sexuelle Belästigungen am Telefon nehmen eindeutig zu, doch gibt es derzeit noch keine genauen Zahlen.

Gefahrenvermeidung Telefonterror

Bei obszönen Anrufen gibt es meistens keine Zeugen, keine Beweise, und der Täter ist in der Regel unbekannt. Zudem sind Anrufe, bei denen sich der Anrufer nicht meldet und deren Inhalt obszön ist, äußerst lästig. Manchmal steckt hinter diesem Telefonterror auch ein Mann oder eine Frau, die etwas gegen Sie haben und Sie ärgern wollen. Wir empfehlen Ihnen zur Gefahrenvermeidung:

- Sie sollten als alleinstehende Frau niemals Ihren Vornamen im Telefonbuch allein anführen lassen. Lassen Sie doch z. B. Fritz und Gunda Müller eintragen. Auch der Anfangsbuchstabe allein deutet auf einen weiblichen Telefonanschluß hin. Überdenken Sie auch die Beschriftung Ihres Klingelschildes.
- Lassen Sie sich eventuell erst gar nicht ins Telefonbuch eintragen.
- Schaffen Sie sich einen Anrufbeantworter an, der die Möglichkeit hat, daß Sie mithören können.

- Wurden Sie schon telefonisch belästigt, dann lassen Sie lieber Ihren Mann ans Telefon gehen.
- Kaufen Sie sich im Fachhandel ein Zusatzgerät, mit dem Ihr Telefonanschluß elektronisch codiert werden kann, dann können Sie nur über eine zusätzliche Geheimzahl angerufen werden.
- Bei lästigen Telefonanrufen können Sie bei der Telekom ohne weiteres eine neue oder geheime Rufnummer beantragen.
- Wenn Sie eine Zeitungsannonce aufgeben, dann vermeiden Sie möglichst, gleichzeitig Namen, Telefonnummer und Adresse anzugeben. Schalten Sie am besten nur Chiffreanzeigen.

Gefahrenbegegnung Telefonterror

- Geben Sie vor allem einem Verbalerotiker keine Antwort.
- Fragt Sie ein Anrufer nach persönlichen Dingen aus, so antworten Sie nicht, sondern hängen einfach auf.
- Besorgen Sie sich eine Polizei- oder Sportlerpfeife und deponieren Sie diese neben dem Telefon. Bei einem belästigenden Anruf pfeifen Sie dann schrill ins Mundstück. Noch einfacher geht es mit einem Telefontriller. Bei einem Druck auf die Taste ertönt ein jäher Schrillton. Preis ca. 17,00 DM (s. S. 58).
- Kratzen Sie mit Ihrem Fingernagel über das Mundstück und sagen Sie *»Mein Telefon wird überwacht.«*
- Erzählen Sie dem Anrufer NIE, daß Sie gerade alleine sind.
- Wenn sich jemand verwählt hat, dann sagen Sie dem Anrufer auf gar keinen Fall Ihre Telefonnummer. Fragen Sie, welche Nummer er denn gewählt hat und beenden Sie das Gespräch mit dem Satz *»Da haben Sie sich wohl verwählt.«*
- Unbekannten Anrufern sollten Sie keine Auskunft über sich oder andere Personen erteilen: Bieten Sie einen Rückruf an und fragen Sie nach Namen und Rufnummer. Überprüfen Sie die Angaben im Telefonbuch oder bei der Auskunft.
- Gewöhnen Sie sich beim Abheben an, nur noch *»Hallo«* zu sagen, nicht Ihren Namen.
- Ein möglicher Text für Ihren Anrufbeantworter: *»Guten Tag, bitte hinterlassen Sie Ihren Namen und Ihre Telefonnummer, wir werden uns melden«*. Wenn Sie WIR sagen, entmutigt dies den einen oder anderen Belästiger.

Gefahrenüberwindung Telefonterror

Werden Sie über einen gewissen Zeitraum von einem anonymen Anrufer belästigt, kann Ihnen nur die Polizei mit der Telekom oder aber die Telekom allein helfen. Nach einer Strafanzeige bei der Polizei oder einem entsprechenden Antrag der Telekom kann bei Ihnen eine **Fangschaltung** eingerichtet werden. Mit dieser technischen Einrichtung wird der Telefonanschluß des Anrufers blockiert, so daß das Fernmeldeamt feststellen kann, von welchem Telefonanschluß der Anruf kam. Eine Fangschaltung funktioniert immer, gleichgültig, wie lange der Anruf dauert und gleichgültig, ob jemand spricht oder nicht. Sogar, wenn der Anrufer aufgelegt hat, gibt es noch eine Zeitspanne, in der die Fangschaltung ausgelöst werden kann. Sie werden dann schriftlich über die registrierten Wählanschlüsse informiert, dabei werden Ihnen Rufnummern, Namen, Anschriften der Inhaber sowie die Uhrzeiten der registrierten Anrufe mitgeteilt. Mit diesen Ergebnissen können Sie dann zur Polizei gehen, die dann weitere Ermittlungen einleitet. Denn nicht immer ist der Inhaber des betreffenden Anschlusses auch mit dem anonymen Anrufer identisch. Ferner können Sie bei der Telekom eine Zählervergleichseinrichtung beantragen, mit deren Hilfe alle Anrufer registriert werden, von denen Sie innerhalb eines Monats angerufen worden sind.

Interessenwahrung im Schadensfall

Zur Strafanzeige raten alle Experten. Der Täter kann auch meist nur dann gefaßt werden, wenn Anzeigen verschiedener Frauen bei der Polizei vorliegen. Auf jeden Fall sollten Sie sich die Anrufe notieren: Datum, Uhrzeit und Inhalt der verbalen Attacke, evtl. Mundart oder Akzent. Die **Kosten für die Fangschaltung** müssen Sie als Antragstellerin zunächst tragen. Wird ein Täter aufgrund Ihrer Strafanzeige ermittelt, so können Sie auf dem Klagewege diese Kosten eintreiben. Aufgrund eines Urteils vom Oberlandesgericht Frankfurt (Aktenzeichen: 80221/S1) haben Sie gute Chancen, die Kosten der Fangschaltung vom Täter ersetzt zu bekommen. Die Fangschaltung kostet zur Zeit für den ersten Tag 20 DM, den zweiten bis vierten Tag 10 DM, den fünften bis neunten Tag je 5 DM und ab dem zehnten Tag 1 DM pro Tag.

Gefahrenerkennung des Überfalls in der Telefonzelle

Nicht nur an die 100 000 Telefonzellen werden pro Jahr in der Bundesrepublik Deutschland mutwillig beschädigt, sondern die Telefonzelle kann auch zu einem Tatort für Raub oder gar Vergewaltigung werden. Solche Vorfälle sind zwar glücklicherweise nicht sehr häufig, aber sehr brisant, da durch die Enge des Raumes Ihre Verteidigungsmöglichkeiten eingeschränkt sind und mögliche Fluchtwege leicht versperrt werden können.

Gefahrenvermeidung des Überfalls in der Telefonzelle

Um unliebsamen Überraschungen vorzubeugen, sollten Sie sich beim Telefonieren immer so hinstellen, daß Sie nie mit dem Rücken zur Tür stehen. Stellen Sie sich so hin, daß Sie das, was um Sie herum passiert, gut beobachten können, denn so haben Sie eine größere Chance, einem möglichen Überfall entgegenzutreten.

Falsch!

Richtig!

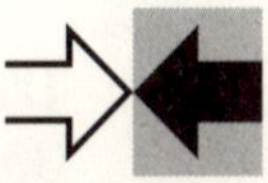

Gefahrenbegegnung bei Überfall in der Telefonzelle

Werden Sie in einer Telefonzelle angegriffen, so sollten Sie nach der Überwindung des ersten Schocks auf gar keinen Fall den Hörer auflegen oder das Gespräch unterbrechen. Wenn Sie mit einer Hand die Tür zuhalten können, so tun Sie das. Auf der anderen Seite teilen Sie aber Ihrem Gesprächsteilnehmer unmittelbar mit, was mit Ihnen gerade passiert und wo sich die Telefonzelle befindet. Auch verdächtige Beobachtungen sollten Sie mitteilen. Um einen potentiellen Täter abzuschrecken, wählen Sie demonstrativ den Polizeinotruf 110 und geben eine möglichst detaillierte Personenbeschreibung des Verdächtigen durch. Einerseits wird mit einer solchen Beschreibung die polizeiliche Fahndung erleichtert, andererseits holen Sie den Täter aus seiner Anonymität, er fühlt sich ertappt und läßt höchstwahrscheinlich von seinem Vorhaben ab.

Gefahrenüberwindung bei Überfall in der Telefonzelle

Als körperliche Abwehrmaßnahmen bieten sich ein Fußtritt oder ein Schlag mit dem Knie an, die wir in den vergangenen Tatortsituationen schon beschrieben haben.

Interessenwahrung im Schadensfall

Neben der unverzüglichen Benachrichtigung der Polizei über diesen Vorfall sollten Sie ebenfalls die Telekom informieren. Denn evtl. wird nach einer sicherheitsrelevanten Überprüfung des Standortes der Telefonzelle ein Wechsel an einen Platz erfolgen, der belebter ist und mehr Sicherheit verspricht.

Tatort: Rollstuhl
Überfall auf Behinderte

Gefahrenerkennung

In der Bundesrepublik leben 6,5 Millionen Menschen, die durch Unfall, Krankheit oder Altersfolgen behindert sind. Nur 6% der Behinderten wurden auch behindert geboren. Behinderte sollten, wie andere Menschen auch, die Gelegenheit haben, aktiv und nach Möglichkeit frei von fremder Hilfe am Leben in der Öffentlichkeit teilzunehmen.

Doch die Wirklichkeit sieht für die meisten Behinderten anders aus, denn viele erfahren Ablehnung, Mißachtung und Ausgrenzung durch die Mitmenschen, zum Teil sogar verdeckte oder offene Gewalt. Die Unkenntnis über Ursachen und Auswirkungen von Behinderungen ist in der Bevölkerung recht groß, und Nichtwissen wird wie so oft durch Vorurteile ersetzt. Die Medien tragen einen gefährlichen Teil dazu bei, wenn Behinderte im Fernsehen beispielsweise häufig als Verlierertypen, als kauzige Sonderlinge, als zwielichtige Zeugen oder als seelisch abnorme Menschen dargestellt werden.

Solche Klischees fördern die Vorurteile und damit die Ausgrenzung, denn viele Menschen reagieren auf Behinderte verkrampft, mit Ablehnung oder kränkenden Verhaltensweisen. Entweder wird gar keine Hilfe angeboten oder es wird überfürsorglich reagiert, was für manche Betroffene jedoch entwürdigend sein kann. Sichtbare Ausgrenzung findet auch in der Freizeit statt. So wurde einer Familie von einem Flensburger Richter 350 DM Schadenersatz zugesprochen, weil sie während ihres Urlaubes auf Schwerstbehinderte trafen, *»denn solche Erlebnisse gehören nicht zu einem typischerweise erwarteten Urlaubsverlauf«*, so die Begründung. Insbesondere die vier Millionen behinderten Mädchen und Frauen in der Bundesrepublik erfahren eine starke Ausgrenzung. Da sie nicht dem allgegenwärtigen Barbie-Schönheitsideal entsprechen, werden sie vielfach als sexuelle Neutren betrachtet. Von vielen Männern werden sie begafft, betascht und mit Fragen nach ihrem Intimleben gepeinigt. Die Spitze der Verachtung findet sich in der Fantasie, daß eine behinderte Frau doch ein exotisches Betterlebnis wäre.

Oftmals führt die Furcht vor dem Anderssein zur Ausgrenzung. Viele Menschen verdrängen ihre Angst, selbst schwach und abhängig zu werden. Diese Verdrängung führt zu noch stärkerer Ausgrenzung bis hin zur Gewaltanwendung. Denn Behinderte geben den anderen ein Spiegelbild, das die meisten ihr Leben lang verdrängen möchten: Abhängigkeit, Schwäche und Angst. Die Häufigkeit der Übergriffe auf Behinderte und die dabei angewandte Brutalität nimmt zu, und die Täter werden immer jünger. Viele von ihnen suchen Ansehen und Erfolg durch die Ausübung ihrer Gewalt und wählen sich dazu die vermeintlich schwächsten unserer Gesellschaft aus – die Behinderten. Viele Täter sind sogar noch der Meinung, daß sie für diese Untaten nicht zur Rechenschaft gezogen werden. Der Nährboden für diese Gewalttaten findet sich aber auch im Verhalten »normaler« Bürger und Bürgerinnen, was man beispielsweise daran sieht, daß

- Behinderte als Verkehrshindernisse beschimpft werden,
- Sonderparkplätze dichtgeparkt werden,
- niemand einschreitet, wenn Rollstuhlfahrer angepöbelt oder bespuckt werden.

Die Gefahr für Behinderte liegt also nicht nur in der direkten Konfrontation mit einem Straftäter, sondern auch im teilweise gleichgültigen und abweisenden sozialen Umfeld.

Gefahrenvermeidung

Nicht nur die schon in den vorherigen Tatortsituationen erwähnten technischen Sicherungen führen zur Gefahrenvermeidung, sondern ein aktives, in die »nichtbehinderte« Umwelt integriertes Leben schafft mehr Sicherheit. Diese Art der Gefahrenvermeidung ist gleichzeitig ein Kampf gegen die lebenslange Ausgrenzung und Abwertung im Kindergarten, in der Schule und am Arbeitsplatz. So ist integrative Erziehung in Regelkindergärten besser als ein Sonderkindergarten, und viele Arbeitsplätze könnten mit modernen Techniken leicht behindertengerecht gestaltet werden. Eine aktive Teilnahme am gesellschaftlichen Leben fördert ein selbstbewußtes Auftreten, was wiederum viele Straftaten schon im Keim erstickt. Organisieren Sie sich evtl. auch in einer Selbsthilfegruppe oder in einem der zahlreichen Verbände, die zum Ziel haben,

- gegen alltägliche und strukturelle Gewalt vorzugehen,
- nach Möglichkeit ein selbstbestimmtes Leben zu führen,
- Behinderten, die in der Vereinzelung schon resigniert haben, neue Hoffnung und Hilfe zur Selbsthilfe zu geben.

Viele Behinderte hatten bisher nicht die Möglichkeit, sich Strategien für den Umgang mit Gewalt jeglicher Art zurechtzulegen. Vor allem ist für sie belastend, daß die eigenen Abwehrmöglichkeiten körperlich sehr eingeschränkt sind. Zudem haben viele Behinderte aufgrund negativer Erfahrungen verinnerlicht, daß sie schwach und hilflos sind. Allzu oft wird durch eine freiwillige Selbstausgrenzung das Gefühl der Ohnmacht verstärkt und das nötige Selbstvertrauen reduziert. Natürlich gibt es auch Behinderte, die aufgrund ihrer geistigen, seelischen und körperlichen Schwerstbehinderung Gefahren nicht erkennen, vermeiden, geschweige denn überwinden können. Diese Menschen benötigen den besonderen Schutz durch andere. Durch die Ausstrahlung der **Anti-Opfer-Signale** und mit Hilfe einer **positiven Selbstinstruktion** können Sie sich jedoch zumindest gegen einige Gefahrensituationen schützen. Grundlegend ist dabei, die eigene Schwäche zu erkennen und zu trainieren. Die Akzeptanz der eigenen Behinderung ist die wichtigste Voraussetzung dafür, denn lehnen Sie Ihre eigene Behinderung ab, so wird dies von dem Täter als Schwäche ausgelegt. Er fühlt sich ermutigt, beherrschend und aggressiv aufzutreten, weil Sie offenbar schwach und hilflos sind. In Großstädten finden sich immer mehr Behinderte zusammen, die in Selbstbehauptungskursen zusammen trainieren, um die eigenen Schwächen zu überwinden und um ein Verhalten zu erlernen, das mit wenig Kraft viel Erfolg verspricht.

Deshalb sollten Ihre Schutzmaßnahmen im Rahmen der Prävention folgende Gesichtspunkte erfassen:

- Trainieren Sie Ihr Selbstbewußtsein.
- Lernen Sie, Ihre Behinderung zu akzeptieren.
- Erlernen Sie die Anwendung von **Anti-Opfer-Signalen**. (Ihre Körpersprache können Sie auch vor dem Spiegel oder in Schaufensterscheiben überprüfen und üben).

- Treten Sie einer Selbsthilfegruppe oder einem VHS-Kurs bei, um selbstsicheres Auftreten zu üben.
- Trainieren Sie unsere Atemübungen, um widersprechen zu können.
- Motivieren Sie sich durch eine positive Selbstinstruktion jeden Tag neu. Gönnen Sie sich selbst ein Lächeln!
- Sprechen Sie Trainer von (Polizei-)Sportvereinen an, Sie und andere in Selbstverteidigungstechniken zu trainieren.
- Ziehen Sie in Erwägung, ob Sie sich einen Hund anschaffen, der Ihnen zur Seite steht.

Gefahrenbegegnung

Provokationen und Anmache durch Einzelpersonen machen Sie sicherlich erst einmal sprachlos. Doch wenn der Schock überwunden ist, dann sollten Sie sich verbal verteidigen. Sie können die Person durch eine beschämende Frage zum Nachdenken bringen: *»Nun stellen Sie sich mal vor, Sie wären an meiner Stelle im Rollstuhl. Wie würden Sie jetzt wohl denken und fühlen?«* Sie können die Person mit einer sarkastischen Verbalattacke verblüffen: *»Na schön, dann tauschen wir doch: Sie bekommen meine Behinderung und dann immer einen freien Behindertenparkplatz. Ist das nicht ein Angebot!«* Sie können einschmeichelnd reden, wenn Sie der Person positive Motive unterstellen: *»Ich glaube wirklich nicht, daß Sie mich ärgern wollen.«* Bei Ihrer Gesprächsführung sollten Sie einen direkten Blickkontakt herstellen und ihn auch halten; zeigen Sie keine Angst, schlitzen Sie eher die Augen, als daß Sie sie angstvoll weiten.

Werden Sie von einer Gruppe belästigt, so sollten Sie so schnell wie möglich versuchen, den Führer der Gruppe herauszufinden und ihn anzusprechen. Im Moment der Gefahrenkonfrontation müssen Sie auch abwägen, ob es Sinn hat, daß Sie weglaufen oder mit dem Rollstuhl wegfahren. Ist Ihre Fluchtchance zu gering, so müssen Sie darauf verzichten. Ihre Flucht könnte auch erst recht den »Jagdinstinkt« der Provozierer auslösen. Unterstützung von Passanten können Sie bekommen, indem Sie sie klar und deutlich um Hilfe bitten und z. B. sagen: *»Allein schaffe ich es nicht, bitte helfen Sie mir!«* Sprechen Sie dabei eine Person direkt an, halten Sie Augenkontakt oder fassen Sie die Person an. Mit einer Trillerpfeife oder einem lauten Schrei: *»Feuer! Feuer! Feuer!«* können Sie auch Hilfe herbeiholen.

Gefahrenüberwindung

Haben die Anwendung von Anti-Opfer-Signalen und taktischer Kommunikation nicht geholfen oder waren von vornherein aussichtslos, dann können Sie sich mit folgenden Techniken wehren: Bei einem tätlichen Angriff von überlegen erscheinenden Personen oder Gruppen sollten Sie zuerst die Schutzhaltung mit den Armen einnehmen (Unterarm vor das Gesicht). Mit einem lauten Schrei oder Beißen in die Hände oder Arme können Sie den Angreifer schockieren. Auch vorhandene Gehhilfen eignen sich zur Abwehr von Angriffen. Als **Rollstuhlfahrer** kippen Sie den Rollstuhl an und gehen den Angreifer entschlossen an. Werden Sie im Rollstuhl sitzend angefaßt, so stellen wir Ihnen zwei **Abwehrmöglichkeiten** vor:

1. Sie richten sich im Rollstuhl auf, nehmen Ihre Schultern zurück, greifen dem Angreifer in die Haare, ziehen seinen Kopf nach unten und schlagen ihm ins Gesicht.
2. Sie wehren sich mit einem konsequent durchgeführten Nervendruck.

Die Technik des Nervendruckes

Nervendrücke sind dann erfolgversprechende Techniken, wenn es zu einem körperlichen Kontakt zwischen Ihnen und dem Angreifer kommt, Sie begrapscht, an den Haaren gezogen oder am Revers gegriffen werden. Die optimale Wirkung der Nervendrücke zeigt sich dann, wenn Sie mit einer möglichst kleinen Druckfläche möglichst viel Energie übertragen. Die Druckwelle muß die Schmerzschwelle beim Angreifer weit übersteigen. In Ihnen muß das absolute Bedürfnis nach einer schmerzhaften Verteidigung entstehen. Einer der wirkungsvollsten Nervendrücke ist der »**Seißelbergsche Krebsgriff**«, der als »Dreifingerregel der Selbstverteidigung« bekannt ist. Dieser Griff wird von Daumen, Zeigefinger und Mittelfinger gebildet.

Der »Seißelbergsche Krebsgriff« eignet sich besonders für Attakken auf den Kehlkopf des Angreifers, den Schultermuskeln, die Achselhöhle, den Nerv zwischen Daumen und Zeigefinger, die Genitalien und die sehr empfindlichen Innenseiten der Oberschenkel. Bedingung für die erfolgreiche Anwendung ist jedoch, daß Sie tatsächlich hart und konsequent zufassen.

Durch den intensiven Schmerz wird der Angreifer zunächst geschockt von Ihnen ablassen. Doch ist diese Abwehr nicht endgültig, so daß Sie dieser Technik evtl. eine andere folgen lassen müssen, um den Angriff endgültig zu beenden. Will Sie beispielsweise jemand aus dem Rollstuhl hochziehen, so rechnet der Angreifer eigentlich mit einer Fluchtbewegung Ihrerseits. Doch Sie nutzen das Überraschungsmoment für sich aus und gehen mit dem »Seißelbergschen Krebsgriff« zum Angriff über:

Sie ergreifen mit Ihrer rechten Hand den Kehlkopf des Angreifers, Ihr Daumen greift links, der Zeige- und Mittelfinger rechts von der Luftröhre zu. In einer Zangenbewegung (Krebsscheren!) führen Sie Ihre Finger zusammen, die Fingernägel voran (kleinste Druckfläche!). Wegen des unmittelbar entstehenden Würgegefühls müssen selbst alkoholisierte Täter ihren Angriff abbrechen. Wenn Sie davon überzeugt sind, sich körperlich wehren zu können, tun Sie das sofort und ohne zu zögern. Gezielte Abwehrmaßnahmen können für die Täter oft überraschend sein, weil sie bei Behinderten kaum mit Gegenwehr rechnen.

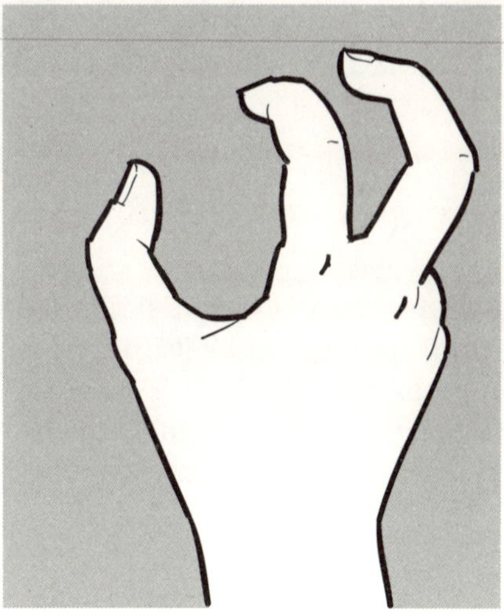

Seißelbergscher Krebsgriff

Die Fotoserie zeigt Ihnen den Ablauf.

Bedrängt der Täter Sie im Rollstuhl und umschließt Sie dabei eng, befreien Sie sich mit dem »Seißelbergschen Krebsgriff«.

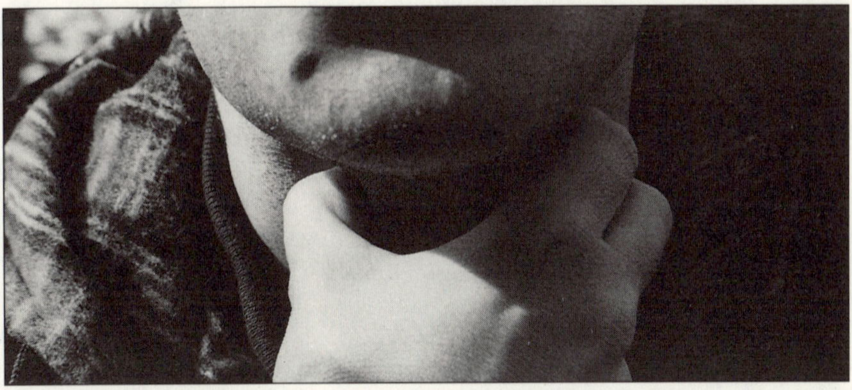

Daumen und Zeige- sowie Ringfinger bilden eine Krebsschere. Mit den Fingernägeln voran umfassen Sie den Kehlkopf des Angreifers an seiner schmalsten Stelle. Drücken Sie Ihre Nägel zusammen, als wollten Sie eine Erbse zerdrücken. Drücken Sie eine kurze Zeit ganz energisch. Sie merken schnell die lebensbedrohende Würgewirkung beim Täter. Bei alkoholisierten Angreifern setzt die Wirkung noch früher ein. Hinzu kommt der Brechreiz.

Übungshinweise:

Die Wirkung des »Seißelbergschen Krebsgriffs« müssen Sie sowohl aktiv als auch passiv erleben. Denn nur dadurch vertrauen Sie dieser Technik. Zur Stärkung der Finger und Förderung der Griffsicherheit sollten Sie

- Ihre Hände 25mal öffnen und schließen,
- Ihre Finger gegen eine Wand oder auf einen Tisch drücken (7 × 7 Sekunden),
- mit Ihren Händen ein Kissen, einen Schaumgummi oder einen Tennisball 7× knautschen.

Die Technik des Handballenschlages

Mit einem kräftigen Handballenschlag auf die Nase oder ins Gesicht des Angreifers können Sie sich ebenfalls erfolgreich wehren. Dabei müssen Sie aber die Distanz beachten, denn Sie dürfen nicht ins Leere schlagen, da der Angreifer dadurch gewarnt wird. Ihre linke Hand dient Ihnen zur Schutzwehr, Ihre starke rechte Hand wird die aktive Gegenmaßnahme durchführen. Ihre rechte Hand liegt an Ihrer rechten Hüfte, wobei die Handfläche nach oben zeigt. Sie halten Ihre geöffnete Hand auf Spannung, die Finger sind leicht gekrümmt, dann stark im obersten Fingerglied anwinkeln. Richten Sie möglichst Ihre Hüfte genau auf den Angreifer. Nun schnellt Ihre Hand nach vorn oben und kurz vor dem Gesicht des Angreifers drehen Sie Ihr Handgelenk, so daß Sie mit dem Handballen das Ziel, die Nase, treffen.

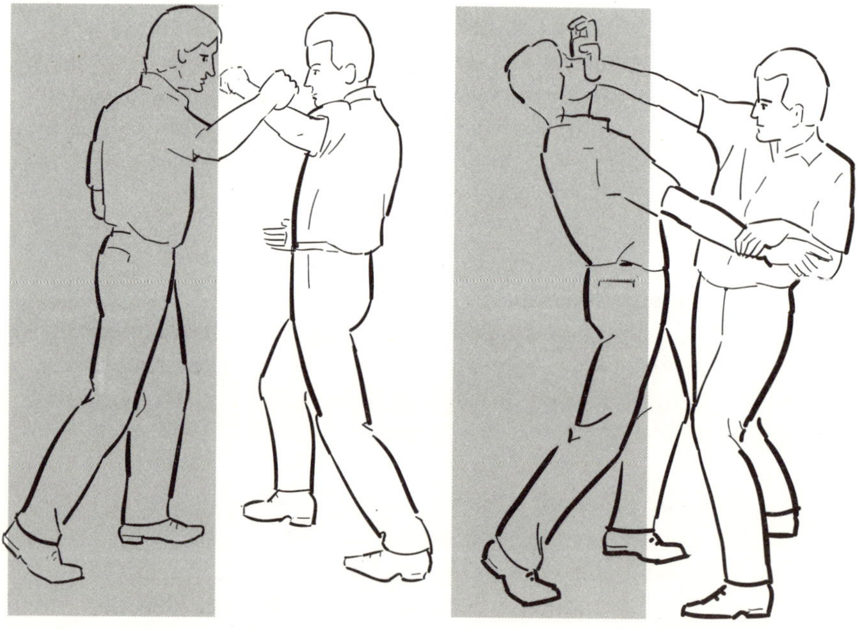

Technik des Handballenschlages

Übungshinweise:

- Bringen Sie Ihre Hände täglich auf Spannung, indem Sie sie strecken und Ihre Daumen im Handteller scharf anwinkeln.
- Zur Kräftigung Ihrer Finger drücken Sie kräftig mit gespreizten Fingern auf eine Tischplatte oder gegen eine Wand (7 x 7 Sekunden), dann entspannen.
- Üben Sie den Handballenstoß zunächst gegen ein Kissen, dann gegen einen Ball und anschließend mit einem Partner, je 7mal rechts und links, wobei er einen Katalog vor die Brust oder das Gesicht hält.

Interessenwahrung im Schadensfall

Sie sollten ohne Umschweife die Polizei über den Notruf 110 selbst verständigen oder verständigen lassen, denn der oder die Täter müssen zielstrebig und tatzeitnah ermittelt und zur Rechenschaft gezogen werden. Ziehen Sie sich nach solch einer erlittenen Untat nicht in die Isolation zurück. Sprechen Sie mit Freunden, Bekannten darüber. Suchen Sie auch erforderlichenfalls den Rat beim Weißen Ring, Selbsthilfegruppen oder öffentlichen Verwaltungen. Im Adressenteil finden Sie Ansprechpartner.

Die Zeit nach der Tat

Interessenwahrung im Falle eines Schadeneintritts

Die Erfahrung, Opfer von Gewalt und anderer Kriminalität geworden zu sein, wird von jedem Menschen individuell verschieden aufgefaßt und verarbeitet. Der eine ist tief erschüttert, der andere wird leichter mit dem Erlebten fertig. Sie können die Folgen von Gewalt und Kriminalität immer dann besser aufarbeiten, wenn es für Sie eine Anlaufstelle gibt, der Sie sich vertrauensvoll mitteilen können. Dabei ist es egal, ob es sich um Freunde, Bekannte oder gemeinnützige Vereine bzw. soziale Einrichtungen handelt, an die Sie sich im Falle eines Schadeneintritts wenden können. Wenn Sie infolge einer erlittenen Straftat in immaterielle oder in materielle Not geraten sind, kann Ihnen von den unten genannten Institutionen geholfen werden. Aber auch menschlicher Beistand, persönliche Betreuung nach einer Straftat, finanzielle Unterstützung in einer Notlage, Hilfestellung im Umgang mit Behörden, Erholungsprogramme für Opfer und ihre Familien, Übernahme der Kosten eines Rechtsbeistandes, falls kein anderer Kostenträger eintritt, sowie die Finanzierung von Therapiemaßnahmen oder die Begleitung zu Gerichtsterminen bilden die Grundlagen für die Opferarbeit vieler Organisationen. Manche Hilfe und Unterstützung ist oftmals nur ein Telefonanruf von Ihnen entfernt:

- Psycho- und sozialtherapeutische Beratungsstellen
- Frauenhäuser
- Sozialämter
- kirchliche, seelsorgerische Einrichtungen
- Sexualberatungsstellen (z. B. pro Familia)
- Telefonseelsorge
- Telefonnotruf für vergewaltigte Frauen
- Sorgentelefon für Kinder und Jugendliche
- Frauennotruf
- Versorgungsämter
- Opferhilfe e. V.
- Weißer Ring e. V.
- Arbeitskreis der Opferhilfe (ADO) in der Bundesrepublik Deutschland

- Bundesseniorenvertretung
- Senioren-Schutz-Bund »Graue Panther« e. V.
- Altersselbsthilfe und Beratungszentren
- Frauenbeauftragte der Kreise, Städte und Gemeinden
- Versicherungen
- kommunale Anlaufstellen

Sehen Sie hierzu auch die Adressenlisten ab Seite 176 an.

Aber auch Polizei, Staatsanwaltschaft, Gerichte, Krankenhäuser, Rechtsanwälte, Ärzte, Psychiater, Gynäkologen werden Sie bei Ihrem Hilfeersuchen nicht im Regen stehen lassen.

Rund um die Uhr können Opfer von Straftaten auf die Hilfe des Weißen Rings e. V. zurückgreifen, denn diese Organisation hat einen zentralen Opfer-Notruf eingerichtet, den Sie unter der Nummer 01 30-34 99 erreichen. In den alten Bundesländern kann dieser Opfer-Notruf gebührenfrei angewählt werden. Leider ist dies in den neuen Bundesländern noch nicht überall möglich.

Ihre Rechte und Pflichten im Ermittlungs- und Strafverfahren

Die Befugnisse im Ermittlungsverfahren von Opfern wurden durch das **Opferschutzgesetz** in den Paragraphen 406d–406h der Strafprozeßordnung neu geregelt, so daß das Opfer seine berechtigten Interessen wahrnehmen und auch gestaltend auf das Verfahren einwirken kann. Das Opferschutzgesetz gibt Ihnen folgende Rechte:

- Sie können schon während des Ermittlungsverfahrens einen Rechtsbeistand Ihrer Wahl hinzuziehen.
- Der Rechtsbeistand darf an richterlichen oder staatsanwaltlichen Vernehmungen teilnehmen, Fragen stellen oder beantworten.
- Sie dürfen bei der Vernehmung durch die Polizei, Richter oder Staatsanwaltschaft eine Person Ihres Vertrauens dabeihaben.
- Sie dürfen in die Akten einsehen und Auskünfte und Abschriften erhalten. Unter bestimmten Bedingungen, z. B. wenn es um

den Schutz anderer in den Prozeß verwickelter Personen geht, kann Ihnen jedoch die Akteneinsicht verwehrt werden. Über Ihren Antrag auf Akteneinsicht entscheidet während der Ermittlung die Staatsanwaltschaft, vor Gericht der Richter.

Speziell in einem Verfahren wegen Vergewaltigung haben Sie als verletzte Frau nicht nur Rechte, sondern Sic haben als Tatzeugin auch bestimmte Pflichten. In den vergangenen Jahren hat dies sehr oft Anlaß zur Kritik gegeben, ein Konfliktstoff, um den es heftige Kontroversen gab. Vielleicht können Sie mit diesem Problem besser umgehen, wenn Sie mehr über die Pflichten der Ermittlungsorgane wissen:

Die Ermittlungsbehörden, sprich Polizei und Staatsanwaltschaft, haben gemäß der Strafprozeßordnung alle be- und entlastenden Umstände der Tat zu ermitteln und haben für die Beweissicherung Sorge zu tragen. Insbesondere unterliegt die Polizei dem sogenannten Legalitätsprinzip, d. h. die Polizei muß alle notwendigen Maßnahmen treffen, um den Sachverhalt aufzuklären. Gerade bei einer Vergewaltigung müssen die Beweise möglichst schnell gesichert werden (z. B. Spermaspuren an Ihrer Kleidung oder an Ihrem Körper). Als besonders belastend werden die Pflichten zur körperlichen Untersuchung und die Entnahme einer Blutprobe bei der Verletzten betrachtet.

Wenn zwischen der Tat und Ihrer Strafanzeige bei den Ermittlungsbehörden nicht zuviel Zeit vergangen ist, dann ist Ihre körperliche Untersuchung regelmäßig zur Beweismittelsicherung erforderlich. Ihnen steht das Recht zu, diese Untersuchung zu verweigern, doch sollten Sie dies auf gar keinen Fall tun, denn sie ist für das weitere Verfahren äußerst bedeutsam. Zu dieser Untersuchung können Sie als Verletzte Ihren Rechtsbeistand oder eine Person Ihres Vertrauens hinzuziehen.

Die **ärztliche Untersuchung** sieht folgendermaßen aus: Eine allgemeine Untersuchung auf Kampf- und Kratzspuren, eine gynäkologische Untersuchung mit Scheidenabstrich, ferner eine Untersuchung nach Spermien sowie Blutresten oder Hautfetzen des Beschuldigten unter Ihren Fingernägeln. Vielfach wird von Tätern behauptet, daß ihre Opfer völlig betrunken waren oder unter Drogen- bzw. Medikamenteneinfluß gestanden hätten. Diese Behauptungen sollen im allgemeinen die Glaubwürdigkeit der verletzten Opfer in Zweifel ziehen. Zur Sachverhaltsaufklärung kann in diesen Fällen eine Untersuchung Ihrer Blutprobe beitragen. Dies können Sie verweigern, doch darf dieser Eingriff auch ohne Ihre Einwilligung von einem approbierten Arzt vorgenommen werden, wenn keine Nachteile für Ihre Gesundheit zu befürchten sind.

Ihre rechtlichen Möglichkeiten im Strafverfahren

Durch die Neuregelung des Opferschutzgesetzes wurde ein Katalog der Nebenklagedelikte eingeführt. So wurden die Sexualstraftaten wie sexueller Mißbrauch, Mißbrauch von Schutzbefohlenen, sexueller Mißbrauch von Kindern, Förderung sexueller Handlungen Minderjähriger, Vergewaltigung, sexuelle Nötigung und Menschenhandel zu Nebenklagedelikten erklärt. Mit dieser Regelung erhalten Sie als Opfer einer dieser Straftaten die Möglichkeit, selbst als **Nebenklägerin** aufzutreten, was Ihnen folgende Rechte gewährt:

- Als Nebenklägerin dürfen Sie in der Hauptverhandlung anwesend sein, selbst wenn Zeugen noch vernommen werden sollen.
- Ein Rechtsbeistand kann Sie vertreten.
- Sie haben das Recht auf Mitteilung von Terminen und Zwischenentscheidungen, Einhalt der Ladungsfrist, Akteneinsicht, Anspruch auf rechtliches Gehör.
- Sie besitzen die Befugnis, Richter oder Sachverständige abzulehnen.
- Sie können selbst den Angeklagten, Zeugen oder Sachverständigen befragen.
- Sie können unsachliche Fragen oder Anordnungen des Vorsitzenden selbst beanstanden.
- Sie haben die Möglichkeit, selbst Beweisanträge zu stellen.
- Sie können einen Schlußvortrag halten.
- Sie brauchen sich mit einem verhängten Urteil nicht zufriedengeben, denn Sie selbst können das Urteil anfechten. Ihnen stehen die gleichen Rechtsmittel zur Verfügung wie dem Staatsanwalt, jedoch ist die sogenannte Strafmaßrevision ausgenommen.

Wir empfehlen Ihnen, auch als Nebenklägerin einen Rechtsbeistand mit Ihrer Interessenvertretung zu betrauen, denn Ihnen würden die Prozeßerfahrung und die juristischen Fachkenntnisse fehlen, damit Sie Ihre Rechte voll ausschöpfen können. Zudem könnte Ihre persönliche Betroffenheit Sie daran hindern, sachgerecht in das Verfahren einzugreifen. Als Nebenklägerin können Sie auch unter verschiedenen Umständen eine Prozeßkostenhilfe bewilligt bekommen.

Viele Vergewaltigungsopfer empfinden ihrer Aussage nach die Hauptverhandlung als zweite Vergewaltigung. Der Gesetzgeber hat mit dem neuen **Opferschutzgesetz** zwei Änderungen herbeigeführt, die den Konflikt zwischen Aufklärung des Sachverhaltes und sachgerechter Verteidigung des Angeklagten einerseits und des Persönlichkeitsschutzes des Opfers andererseits minimieren soll. So dürfen an Zeugen oder Angehörige Fragen, die zur Unehre gereichen können oder die den persönlichen Lebensbereich betreffen, nur dann gestellt werden, wenn es unerläßlich ist. Das Gericht kann anordnen, daß der Angeklagte aus dem Sitzungssaal gehen muß, wenn bei einer Zeugenvernehmung in Gegenwart des Angeklagten die dringende Gefahr eines schwerwiegenden Nachteils für die Gesundheit der Zeugin besteht, wenn dieser beispielsweise ein Nervenzusammenbruch droht.

Merke: Die Vorschriften des Opferschutzgesetzes setzen eine Initiative des Opfers voraus.

Anspruch auf Schadenersatz (das Adhäsionsverfahren)

Als Opfer einer Sexualstraftat oder einer Körperverletzung haben Sie gegen den Täter einen **Anspruch auf Schadenersatz** (nach Paragraph 823 II des Bürgerlichen Gesetzbuches) und einen **Schmerzensgeldanspruch** (nach Paragraph 847). Sie können in einem Antrag gemäß Paragraph 404 der Strafprozeßordnung die aus der Straftat resultierenden Schäden geltend machen. Sie können Ihren Antrag schriftlich oder mündlich durch Niederschrift eines Urkundsbeamten oder aber in der Hauptverhandlung mündlich bis zum Beginn der Schlußvorträge stellen. Die Höhe des Schmerzensgeldes, das Sie beantragen wollen, können Sie aus einer Tabelle von Susanne Hacks (erschienen beim

ADAC-Verlag) entnehmen, die bei Gerichten oder beim ADAC ausliegt und dort von Ihnen eingesehen werden kann.

Wir stellen Ihnen im folgenden nur einen Entwurf eines Antrages auf Festsetzung eines Schmerzensgeldes vor.

Täter-Opfer-Ausgleich

Ein neuer Weg zur Wiederherstellung des Rechtsfriedens

Mit der Einführung des Paragraphen 46a des Strafgesetzbuches »Täter-Opfer-Ausgleich, Schadenswiedergutmachung« spricht der Gesetzgeber erstmalig die besondere Situation zwischen Tätern und Opfern an. In diesen Ausgleichsverfahren zwischen Tätern und Opfern sollen Konflikte, Probleme und Folgen der Straftaten durch eine Wiedergutmachung bereinigt werden. Die Mitarbeiter in den fast 200 bundesdeutschen Ausgleichsprojekten sind fast ausschließlich besonders qualifizierte Sozialarbeiter. Sie vermitteln zwischen den beiden Beteiligten und leisten Hilfestellung bei der Bewältigung von seelischen, materiellen, strafrechtlichen und zivilstrafrechtlichen Folgen der Straftat. Vor allem aber unterstützen sie Täter und Opfer bei der Suche nach einer für beide Seiten akzeptablen Lösung. Der Ausgleich kann gelingen durch eine gemeinsam vereinbarte Wiedergutmachung des Schadens, durch eine finanzielle, symbolische oder eine Arbeitsleistung des Täters gegenüber dem Opfer. Dabei sollen dem Täter die Folgen seines Tuns verdeutlicht werden. Es geht nicht darum, den Täter besser zu stellen, sondern darum, für beide Seiten eine befriedigende Lösung zu finden.

Wie läuft dieses Verfahren denn nun ab?

Liegt eine Straftat vor, so nimmt ein Mitarbeiter des Ausgleichsprojektes mit beiden Seiten, Täter und Opfer, Kontakt auf, und vermittelt ein für beide Seiten freiwilliges Gespräch auf neutralem Boden in der Ausgleichseinrichtung. Mit Hilfe und Moderation des Vermittlers soll noch einmal über das Delikt und deren Folgen gesprochen werden. Entschuldigt sich der Täter bei dem Opfer, und beide vereinbaren eine Wiedergutmachung, so wird vom Vermittler auch überprüft, ob die Wiedergutmachung vom Täter tatsächlich geleistet wird. Nach Abschluß der Wiedergutmachung schreibt der Vermittler einen Bericht an den Staatsanwalt, der über das weitere Verfahren entscheidet.

In etwa 75% der Fälle kam ein Täter-Opfer-Ausgleich bisher zum Erfolg, d. h. es wurde eine Regelung getroffen, die von beiden Seiten akzeptiert und eingehalten wurde. Der Täter-Opfer-Ausgleich ist zwar kein Allheilmittel gegen Kriminalität und deren Folgen, doch kann er entscheidend zur positiven Bewältigung einer »Opfererfahrung« beitragen und Ihnen unbürokratisch eine Wiedergutmachung zuführen.

Ich habe einen Menschen verletzt

**Der Mensch hat dreierlei Wege klug zu handeln:
erstens durch Nachdenken, das ist der edelste,
zweitens durch Nachahmen, das ist der leichteste,
und drittens durch Erfahrung, das ist der bitterste.**
(Asiatische Weisheit)

Bisher spielten hauptsächlich die Frage, wie man sich wirkungsvoll gegen Angriffe aller Art wehrt eine Rolle. Doch wenn »ES« passiert ist, Sie sich erfolgreich gewehrt und dabei jemanden erheblich verletzt haben, geht Ihr Leben dann normal weiter? Dieser Frage wollen wir uns im folgenden Text widmen.

Stellen Sie sich also vor: Sie haben sich gegen einen hinterhältigen Angriff auf Ihre Person erfolgreich gewehrt, doch Ihre Gegenmaßnahme endete mit einer erheblichen Verletzung des Angreifers. Das Ereignis läßt Sie nicht mehr los, Sie beschäftigen sich mit dem Geschehen ganz intensiv, und darüber verlieren Sie sogar Ihre Unbeschwertheit und Fröhlichkeit. Sie machen sich selbst Vorwürfe und befinden sich plötzlich in einem starken Gefühlsdilemma. Sie werden mit der Last, einen anderen Menschen erheblich verletzt zu haben, gefühlsmäßig nicht fertig, obwohl Ihnen die polizeilichen und staatsanwaltschaftlichen Ermittlungen eine gerechtfertigte Notwehrhandlung bestätigen und Sie sich selbst eigentlich nichts vorzuwerfen haben: Es gab keine andere Möglichkeit für Sie, um die konkrete Gefahr zu überwinden – es war die Ultima ratio für Sie.

Obwohl Ihnen niemand Vorwürfe macht, fühlen Sie selbst eine enorme Belastung, denn manchmal ist die Rechtfertigung vor dem eigenen Gewissen schwerer zu erlangen als ein Freispruch vor Gericht. Ihre gerechtfertigte Abwehrhandlung kann Ihr weiteres Leben, Ihr Wertebewußtsein, Ihre Emotionen und Ihre Einstellung zu anderen Menschen verändern. Da jeder Mensch einmalig ist, werden auch die psychischen Reaktionen auf solch ein einschneidendes Erlebnis sehr unterschiedlich sein. Der Begriff **Post-traumatic-stress-disorder,** der aus dem angelsächsischen Sprachraum stammt, beschreibt diese seelische Belastung.

Je schwerer die Verletzung des Angreifers ist und je schwerer sich Ihre seelische Belastung daraus entwickelt, desto eher sollten Sie auch Hilfe von anderen in Anspruch nehmen. Über das bedrückende Ereignis und die daraus resultierenden Gefühle zu reden, ist äußerst wichtig. Eine Verdrängung der Problematik schafft keine Lösung, sondern führt schnell in eine Einbahnstraße und zu einer Selbstblockade. Nutzen Sie die Möglichkeit, in Gesprächen an Ihrer Krise zu wachsen, um danach wieder ein ausgeglichenes und durch das Ereignis unbeeinträchtigtes Leben führen zu können. Sprechen Sie also einen Menschen Ihres Vertrauens offen an. Ein anderer möglicher Schritt wäre, den nächsten Frauennotruf anzuwählen. Dort werden Ihnen dann Institutionen aus Ihrer nächsten Umgebung genannt, die Ihnen weiterhelfen können.

Sollten Sie selbst von einem vertrauten Menschen zu Rate gezogen werden, der Beistand bei der Bewältigung des Post-traumatic-stress-disorders braucht, so bietet sich der Gedanke des Philosophen Baruch Spinoza als Hilfe an:

Was die menschlichen Dinge angeht: Nicht lachen, nicht weinen, sich nicht entrüsten; aber begreifen.

Es ist also nicht Ihre Beurteilung des Geschehens gefragt, sondern Ihre Person als Ansprechpartnerin und Ihr verständnisvoller Beistand. Der Beistandssuchende soll die Gelegenheit erhalten, seine Gedanken und Gefühle zu äußeren. Lassen Sie den anderen spüren, daß Sie ihm Halt, Vertrauen und Geborgenheit geben möchten und jederzeit bereit sind, sich auf seine Probleme einzulassen.

Die Verarbeitung einer Erfahrung, einen anderen Menschen schwer verletzt zu haben, ist ein Prozeß, der sich über mehrere Gespräche und mitunter über eine lange Zeit hinziehen kann. Wenn »ES« passiert ist, Sie also Erfahrungen mit Gewalt oder anderer Kriminalität machen mußten, sollten Sie von sich selbst nicht als Opfer reden, sondern als »Überlebende«. Denn ansonsten lebt die Aufregung über das Geschehen immer wieder geistig und seelisch auf, die emotionalen Nachschocks werden einfach nicht aufhören. Besser ist es, Sie sprechen die Ängste offen aus und verbessern Ihre Vorsorgemaßnahmen.

Abschließend eine kleine Geschichte zur Abrundung

Ein junger Mann kam zu einem Mönch und sagte: »Du bist doch ein weiser Mann, du meditierst viel und kennst das Leben. Kannst du mir bitte erklären, was Himmel und Hölle ist?« Der Mönch lächelte und sagte: »Komm' mit, ich zeig' dir den Himmel und die Hölle!« Sie kamen zunächst in einen Raum, da saßen Leute mit finsteren Gesichtern, brüllten vor Schmerz und Hunger, waren ganz abgemagert und ausgezehrt. Jeder hatte einen langen Löffel und versuchte damit, etwas von den köstlichen Speisen zum Mund zu führen. Doch die Löffel waren so lang, daß Ihnen dies nicht gelingen konnte. »Das ist die Hölle«, sagte der Mönch. »Gleich sollst du den Himmel sehen.« Sie gingen in den nächsten Saal. Da gab es wiederum die köstlichsten Speisen, und jeder hatte ebenfalls einen langen Löffel. Doch hier waren alle gut gelaunt, fröhlich und wohlgenährt. Der Mönch sagte: »Schau genau hin! Hier ist der Himmel!« Der junge Mann sah, wie in diesem Raum jeder mit seinem langen Löffel den anderen fütterte. Jetzt verstand er, was Himmel ist.

Diese Geschichte kann beantworten, wie man mit schlimmen Ereignissen umgehen sollte: Wenn Menschen nicht allzuoft die langen Löffel an den eigenen Mund führten, sondern ihnen die Sorge um die anderen mehr am Herzen läge, und wenn sie diesen Löffel mit Zuwendung, Mitmenschlichkeit und echter Fürsorge in Wort und Tat füllten, dann würden Mitmenschen auch bei dramatischen Ereignissen weniger Schaden nehmen.

Gesagt ist noch nicht gehört.
Gehört ist noch nicht verstanden.
Verstanden ist noch nicht akzeptiert.
Akzeptiert ist noch nicht gewollt.
Gewollt ist noch nicht getan.
Getan ist noch nicht beibehalten.

Adressen

1. Allgemeine Opferhilfe
Weißer Ring (Regionalbüros)

Baden-Württemberg

Haußmannstraße 6
70188 Stuttgart
Tel.: 07 11/2 15 51 93 und
2 15 51 95

Bayern

Carl-Schüller-Straße 11
95444 Bayreuth
Tel.: 09 21/8 14 01

Oberndorfstraße 61a
84032 Landshut
Tel.: 08 71/3 59 34

Berlin

Augustaplatz 7
Haus 14
12203 Berlin
Tel.: 0 30/8 33 70 60 und 8 33 29 34

Brandenburg

Am Schragen 17
14469 Potsdam

Bremen

Sögestraße 47–51
28195 Bremen
Tel.: 04 21/32 32 11

Hamburg

Eiffestraße 38
20537 Hamburg
Tel.: 0 40/2 51 76 80

Hessen

Mainzer Landstraße 131
60327 Frankfurt/M.
Tel.: 0 69/23 35 81

Mecklenburg-Vorpommern

Schwedenstraße 11
17033 Neubrandenburg
Tel.: 03 95/66 62 37

Niedersachsen

Gretelriede 71
30419 Hannover 21
Tel.: 05 11/79 99 97

Nordrhein-Westfalen

Josef-Schregel-Straße 44
52349 Düren
Tel.: 0 24 21/1 66 22

Karlstraße 21
59065 Hamm
Tel.: 0 23 81/69 45 und 3 18 18

Rheinland-Pfalz

Weberstraße 16
55130 Mainz
Tel.: 0 61 31/83 03 29

Saarland

Mainzer Straße 103
66121 Saarbrücken
Tel.: 06 81/6 73 19

Sachsen

Bernsdorfer Straße 88
09126 Chemnitz
Tel.: 03 71/5 47 20

Sachsen-Anhalt

Mansfelder Straße 58
06108 Halle
Tel.: 03 45/2 98 98

Schleswig-Holstein

Brunswiker Straße 50
24105 Kiel
Tel.: 04 31/5 76 77

Thüringen

Schillerstraße 22
99096 Erfurt

Arbeitskreis der Opferhilfen (ADO)
Barbara Kanne
c/o Frauenberatungsstelle
Ackerstraße 144
40233 Düsseldorf
Tel.: 02 11/68 68 79

Daniela Hermanns
Bremer Hilfe e. V.
Am Dobben 14–16
28203 Bremen
Tel.: 04 21/32 05 30

Nationale Kontakt- und Informationsstelle zur Anregung und Unterstützung von Selbsthilfegruppen – NAKOS

Albrecht-Achilles-Str. 65
10709 Berlin
Tel.: 0 30/8 91 40 19

2. Hilfe für ältere Menschen

Senioren-Schutz-Bund »Graue Panther« e. V.

Rathenaustraße 2
42277 Wuppertal
Tel.: 02 02/66 55 43

Bundesinteressenvertretung der Altenheimbewohner (BIVA)

Postfach 12 47
53911 Swisttal-Heimerzheim
Tel.: 0 22 54/28 12

Lebenswert e. V.

Beratung und Hilfen für ältere Menschen und deren Angehörige
Meyerbeerstraße 52
13088 Berlin
Tel.: 0 30/6 09 63 85

Die Brücke

Beratungsstelle für ältere Menschen und ihre Angehörigen
Martinistraße 29
20251 Hamburg
Tel.: 0 40/4 60 21 58

Interessenvertretung der Senioren 83 e. V.

Niesetalstraße 38
34266 Niesetal
Tel.: 05 61/52 81 85

Beratungsstelle für Ältere und deren Angehörige

Kirchgasse 1
72070 Tübingen
Tel.: 0 70 71/2 24 98

Seniorenbüro Arbeiten und Lernen e. V.

Holzstraße 11
99974 Mühlhausen
Tel.: 0 36 01/29 54

Bundesministerium für Familie, Senioren, Frauen und Jugend

Godesberger Allee 140
53175 Bonn
Tel.: 02 28/9 30-0

Bundesarbeitsgemeinschaft der Senioren–Organisationen (BAGSO)

Stockenstr. 14
53113 Bonn
Tel.: 02 28/63 53 91

Bundesseniorenvertretung e. V.

Schwedenstr. 2
65239 Hochheim
Tel.: 0 61 46/48 26

Bundesarbeitsgemeinschaft der Beratungsstellen für ältere Menschen und ihre Angehörigen

c/o Ingrid Müller
Angehörigenberatung e. V.
Adam-Klein-Str. 6
90429 Nürnberg
Tel.: 09 11/26 61 26

Informations- und Leitstelle Wissensbörse Deutscher Seniorenring e. V.

Graf-Recke-Str. 25
40239 Düsseldorf
Tel.: 02 11/66 67 57

3. Verbraucherschutzverbände

Arbeitsgemeinschaft der Verbraucherverbände e. V. (AgV)

Heilsbachstr. 20
53123 Bonn
Tel.: 02 28/64 89-0

Verbraucher-Zentrale Baden-Württemberg e. V.
Paulinenstraße 47
70178 Stuttgart
Tel.: 07 11/66 91-0

Verbraucher-Zentrale Bayern e. V.

Mozartstraße 9
80336 München
Tel.: 0 89/53 98 70

Verbraucher-Zentrale Berlin e. V.

Bayreuther Straße 40
10787 Berlin
Tel.: 0 30/2 19 07-0

Verbraucher-Zentrale Brandenburg e. V.

Hegelallee 6–8 Haus 9
14467 Potsdam
Tel.: 03 31/2 89 33 33

Verbraucher-Zentrale des Landes Bremen e. V.

Obernstraße 38/42
28195 Bremen
Tel.: 04 21/32 08 34

Verbraucher-Zentrale Hamburg e. V.

Große Bleichen 23
20354 Hamburg
Tel.: 0 40/35 00 14 85

Verbraucher-Zentrale Hessen e. V.

Reuterweg 51–53
60323 Frankfurt/M.
Tel.: 0 69/97 20 10-0

Verbraucher-Zentrale Mecklenburg/Vorpommern e. V.

Strandstr. 98
18055 Rostock
Tel.: 03 81/3 12 85

Verbraucher-Zentrale Niedersachsen e. V.

Herrenstraße 14
30159 Hannover
Tel.: 05 11/9 11 96-01

Verbraucher-Zentrale Nordrhein-Westfalen e. V.

Mintropstraße 27
40215 Düsseldorf
Tel.: 02 11/38 09-0

Verbraucher-Zentrale Rheinland-Pfalz e. V.

Große Langgasse 16
55116 Mainz
Tel.: 0 61 31/28 48-0

Verbraucher-Zentrale des Saarlandes e. V.

Hohenzollernstraße 11
66117 Saarbrücken
Tel.: 06 81/5 20 49

Verbraucher-Zentrale Sachsen e. V.

Bernhardstraße 7
04315 Leipzig
Tel.: 03 41/6 89 30 41

Verbraucher-Zentrale Sachsen-Anhalt e. V.

Steinbocksgasse 1
06108 Halle
Tel.: 03 45/5 00 83 22

Verbraucher-Zentrale Schleswig-Holstein e. V.

Bergstraße 24
24103 Kiel
Tel.: 04 31/5 12 86

Verbraucher-Zentrale Thüringen e. V.

Wilhelm-Külz-Str. 26
99084 Erfurt
Tel.: 03 61/2 25 07 16

Jury Umweltzeichen

Mauerstr. 52
10117 Berlin
Tel.: 0 30/23 14 55

Stiftung Warentest

Lützowplatz 11–13
10785 Berlin
Tel.: 0 30/26 31-1

4. Hilfen für Behinderte

Bundesarbeitsgemeinschaft »Hilfe für Behinderte« e. V.

Kirchfeldstr. 149
40215 Düsseldorf

Bundesarbeitsgemeinschaft der Clubs Behinderter und ihrer Freunde e. V.

Pfitznerstr. 10
55118 Mainz

Deutscher Schwerhörigenbund e. V.

Blumenstraße 39
22301 Hamburg

Reichsbund der Kriegsopfer, Behinderten, Sozialrentner und Hinterbliebenen e. V.

Beethovenstr. 56–58
53115 Bonn

Deutscher Behinderten-Sportverband e. V.

Am Schönenkamp 110
40599 Düsseldorf

Arbeiterwohlfahrt Bundesverband e. V.

Oppelner Str. 130
53119 Bonn

Deutscher Caritasverband e. V.

Karlstr. 40
79104 Freiburg

Deutsches Rotes Kreuz e. V.

Friedrich-Ebert-Allee 71
53177 Bonn

Diakonisches Werk – EKD e. V.

Stafflenbergstr. 76
70184 Stuttgart

Deutscher Paritätischer Wohlfahrtsverband e. V.
Gesamtverband

Heinrich-Hoffmann-Str. 3
60528 Frankfurt/M.

Allgemeiner Behindertenverband in Deutschland e. V.

Am Köllnischen Park 3
10179 Berlin

Literatur

Anke/Seißelberg: Wehr Dich. Das Sicherheitsbuch für Frauen. TRIAS, 1993

Bundesministerium für Arbeit und Sozialordnung: Miteinander leben – einander verstehen (für Behinderte), 1991

Bundesministerium für Familie und Senioren: Ein Ratgeber für ältere Menschen, 1994

Bundesministerium für Familie und Senioren: Gegen Angst und Gewalt – Sicherheit für Senioren, 1994

Bundesministerium der Justiz: Guter Rat ist nicht teuer, 1994

Bundesministerium der Justiz: Mehr Schutz vor den Tücken des Kleingedruckten, 1994

Conroy, Mary u. Ritvo, Edward: Die Selbstverteidigung der Frau. Pietsch Verlag, 1986

Creifelds, Carl: Rechtswörterbuch. Beck Verlag, 1978

Degler, Hans Dieter: Vergewaltigt – Frauen berichten. Spiegel-Buch Nr. 13, 1981

Dominy, Eric: Selbstverteidigung. Humboldt Verlag, 1972

Drake, Allan: Das Sicherheits-Handbuch. Mosaik Verlag, 1987

Frerker, Mario: Selbstverteidigung für Frauen. Copress Verlag, 1985

Füllgrabe, Uwe: Drei Thesen zur Eigensicherung aus psychologischer Sicht. Verlag Deutsche Polizei, 1981

Füllgrabe, Uwe: Das Problem der unterlassenen Hilfeleistung. Kriminalistik Heft 4/1978

Gordon, Thomas: Familienkonferenz. Rowohlt Taschenbuchverlag, 1980

Herle, Ulrike: Selbstverteidigung beginnt im Kopf. Ein psychologischer Ratgeber mit praktischen Übungen. Piper Verlag, 1994

Ifftner, Annelie u. Bopp, Wolfgang u. Schacht, Arnold: Selbstverteidigung für Frauen – richtig und effektiv. Ullstein, 1993

Kirschner, Josef: So siegt man ohne zu kämpfen. Goldmann Verlag, 1987

Knorr-Anders, Esther: Kein Vertrauen, immer Angst. Die Zeit Ausgabe 22, 26. 5. 1983

Kokott-Weidenfeld, Gabriele: Die Frau und ihre Rechte. Bastei Lübbe Ratgeber

Krolzig, Martin: Wenn Polizisten töten. Ein Werkstattbericht aus dem Umkreis einer Selbsthilfe-Gruppe. Verlag Teomail GmbH, 1995

Lao-Tse: Tao-te-king. Reclam Verlag, 1978

Mertens, Norbert: Selbstverteidigung für Frauen – gewußt wie! Humboldt Verlag, 1990

Morris, Michelle: Diesmal überlebe ich. Orlanda Frauenverlag, 1988

Nakayama, Masutoshi: Karate-Do. Sport-Rhode Verlag, 1981

Nehls, Peter u. Rast, Dieter: Das Ju-Jutsu Brevier. Verlag Weinmann, 1982

Pawelz, Peter: Karate... mit bloßen Händen. Verlag Weinmann, 1974

Pflüger, Albrecht: »Karate 1«. Falkenverlag, 1978.

Plogstedt, Sybille: Was tun gegen die Angst? Stern Heft 1/1989

Rieder, Karl-Heinz: Vergewaltigung. Kriminologie der Einzeldelikte. Polizeiführungsakademie, Münster 1985

Rupprecht, Reinhard u. Kinzel, Hans: Wie schütze ich mich vor Betrug? Goldmann Verlag, 1975

Senghaas, Dieter: Kritische Friedensforschung. Edition Suhrkamp, 1977

Sperber, Manés: Sieben Fragen zur Gewalt. dtv, 1978

Schreiber, Manfred: Meine persönliche Sicherheit. dtv, 1989

Stiftung Warentest: Ratgeber Technik, Sicherheit, Einbruch, Diebstahl, Gewalt. Stiftung Warentest, Berlin, 1991

Tampe, Erdyn: Verbrechensopfer, Schutz – Beratung – Unterstützung. Boorberg Verlag Stuttgart

Wetering, Janwillem von de: Der leere Spiegel. Rowohlt Verlag, 1984

Wiebke, Steffen: Gewalt von Männern gegenüber Frauen. Carl Heymanns-Verlag, 1989

Wiegel, Eva Maria: »Killer und Kuscheltiere« Verlag Deutsche Polizei, 1985

Wischnewski, Gerd: Aikido modernste japanische Selbstverteidigung. Falken Verlag, 1969

Wörnle, Stefan: Selbstverteidigung für Frauen, Durchsetzungstraining für Frauen. Heyne Verlag 1993

Zimmermann, Eduard: Gib dem Verbrecher keine Chance. Ein Leitfaden für mehr Sicherheit. Bastei-Lübbe-Taschenbuch, 1989

Zimmermann, R.: Eigensicherung – auch ein Problem der Vermittlung. Verlag Deutsche Polizei, 1982

Dank

Wir bedanken uns bei all denen, die uns bei der Erstellung dieses Buches geholfen haben. Insbesondere:

Andrea Quentin
Anni Quentin
Horst Sindram
Christian Garburg
Alida Anke
Günter Anke
Margret Berner
Armin Koch
Bob Menkhaus
Herbert Hoppe
Joachim Grube
Erni Lindenau
Ulla Kloppmann
Helga Kümmel
Bärbel Wolter
Monika Bierbaum
Helmut Tarnowski
Heide Lübberts
Uwe Greiner
Malte Zimmermann
Pascal Broccoli
Elisabeth Saucke
Alexander Spang
Wilfried Rose
Klaus Reschke
Kathrin Plikat
Ulla Bargsen

Sachverzeichnis